CELC
CYMRU

CW00518607

Cymru ar Stampiau'r Byd

– stampiau post a'u cysylltiadau Cymreig

Dafydd Guto a Twm Elias

Gwasg Carreg Gwalch

Argraffiad cyntaf: 2021
ⓗ testun: Dafydd Guto a Twm Elias
ⓗ cyhoeddiad: Gwasg Carreg Gwalch 2021

Rhif rhyngwladol 978-1-84527-672-0
Cynllun clawr: Eleri Owen

CYNGOR LLYFRAU CYMRU

Mae'r cyhoeddwr yn cydnabod
cefnogaeth ariannol
Cyngor Llyfrau Cymru.

Cyhoeddir gan Wasg Carreg Gwalch,
12 Iard yr Orsaf, Llanrwst, Conwy, LL26 0EH.
Ffôn: 01492 642031
www.carreg-gwalch.cymru

Diolchiadau

Dafydd: i erthyglau difyr W. Bleddyn Williams
am yr ysbrydoliaeth gychwynnol; i ffeiriau
stampiau Parc Eirias, Bae Colwyn; i Lyfrgell
Caernarfon am amrywiol lyfrau a chatalogau;
i'r we fel cyfrwng ymchwil ac i Linda fy
mhartner am rannu ein diddordeb mewn
stampiau.

Twm: i fy chwaer fawr Marian am roi imi fy
stampiau cyntaf, i bawb yn yr ysgol y bûm yn
ffeirio stampiau â nhw ac i griw hwyliog
Cymdeithas Ffilatelig Cymru a arferai gyfarfod
ym Mhlas Tan y Bwlch.

Cynnwys

Rhagymadrodd

Rydym oll yn gyfarwydd â rhoi stampiau ar lythyrau a pharseli ac weithiau yn mwynhau'r gwaith celf neu luniau sydd arnynt. Braf hefyd yw derbyn llythyr o wlad dramor gyda stampiau hardd arno sy'n dathlu agweddau o'r wlad honno.

Bu casglu stampiau yn hobi boblogaidd ers cyn cof, yn arbennig ymysg plant, a bydd ambell un yn methu rhoi'r gorau iddi ac, fel awduron y gyfrol hon, yn dal ati i gasglu i'w henaint. Go brin bod neb yn y byd â chasgliad cyflawn o stampiau'r holl wledydd. Ers ymddangosiad y stamp cyntaf, y 'peni blac' yn 1840, cyhoeddwyd ymhell dros hanner miliwn ohonynt rhwng yr holl wledydd a byddai angen ffortiwn i ddod â'r cyfan at ei gilydd. Byddai amryw o'r stampiau prinnaf yn costio hyd at £3-4 miliwn i'w prynu, hynny yw petaent ar werth yn y lle cyntaf.

Y stamp cyntaf – y 'peni blac', 1840

Mae annibyniaeth yn creu diwydiant stampiau

Prif bwrpas stampiau post yw nodi taliad am gludiant llythyr neu barsel, ond hefyd i gyflwyno delweddau o'r wlad a'u cyhoedda, o ran ei diwylliant a'i hanes gerbron y byd. Yn aml iawn bydd stori ddifyr y tu ôl i rai o'r delweddau hyn.

Cyhoeddwyd stampiau gan rai cannoedd o wledydd mawr a bach ymhob cwr o'r byd erbyn hyn – rhai ohonynt yn ddim mwy nag ynysoedd bychain llai o faint nag Ynys Môn. Cyhoeddwyd stampiau eraill am gyfnodau byr yn unig ym merw gwleidyddol y ganrif a hanner ddiwethaf. Beth wyddoch chi, er enghraifft, am hynt a helynt Danzig, Transylvania, Heligoland, Biafra, Byddin y Gorllewin yn Rwsia, Fernando Poo a Nosi Bé? Maent oll wedi cyhoeddi stampiau. Hyd yn oed o fewn rhai gwledydd, megis yr India, Colombia, Canada, Malaysia, yr

Almaen ac Awstralia, bu i'w taleithiau gyhoeddi eu stampiau eu hunain ar gyfnodau.

Gwelwn hefyd sut y newidiodd llawer o wledydd ar draws y byd eu henwau.

Gwledydd oedd unwaith yn drefedigaethau Ffrengig, Prydeinig, Sbaenaidd, Belgaidd ayyb, ond unwaith y daethant yn rhydd gallasent arddel gerbron y byd enwau o'u dewis eu hunain. Dyma sut y daeth Cambodia yn Kampuchea; Persia yn Iran; Northern Rhodesia yn Zimbabwe, y Gold Coast yn Ghana a llawer mwy.

Gall casgliad da o stampiau fod yn llyfr hanes a daear-yddiaeth penigamp, gan olrhain newid-iadau gwleidyddol, tech-negol a chymdei-thasol dros y ddwy ganrif ddiwethaf. Ond yn bennaf oll gwelwn sut y bu, ac y mae, gwledydd y byd yn datgan drwy eu stampiau pwy ydyn nhw ac yn mynegi eu hawl a'u hawydd i

Mae gan rai o wledydd lleiaf y byd eu stampiau eu hunain.

ddilyn eu trywydd eu hunain.

Ond beth am GYMRU? Efallai eich bod yn rhyw feddwl pam nad oes gennym ni ein stampiau post ein hunain? Wedi'r cyfan, os gall ynysoedd megis Jersey, Guernsey ac Ynys Manaw gyhoeddi stampiau deniadol, a gwneud elw sylweddol ohonynt, pam na all Cymru? Ers i'r ynysoedd bychain hyn ennill yr hawl i'w stampiau eu hunain yn 1958 bu hynny, heb amheuaeth, o fudd mawr iddynt o ran eu heconomi a thwristiaeth ac yn gyfrwng addysgiadol pwysig i gynyddu ymwybyddiaeth yr ynyswyr hen ac ifanc o'u treftadaeth gyfoethog. Mae'n rhywbeth y dylem ninnau ei ystyried.

Yr unig beth sydd gennym yng

Aeth rhai enwau Cymraeg ar draws y byd – ar adain yr Ymerodraeth Brydeinig.

Cawn stamp i nodi cysylltiad Cymreig â Phrydeindod – ond nid i ddathlu Cymreictod.

Nghymru hyd yn hyn yw stampiau rhanbarthol digon di-nod ac ambell stamp coffa mewn cyfresi Prydeinig. Mae rhai o'r stampiau coffa hyn, fel hefyd yn achos yr Alban a Gogledd Iwerddon, yn eitha deniadol mae'n rhaid dweud, ond maent oll bron yn cyfleu'r argraff mai rhan yn unig o ryw amrywiaeth rhanbarthol 'Prydeinig' ydym. Do, bu ymgyrchu brwd gan rai ohonom i ennill yr hawl i Gymru ddewis ei delweddau ei hun, ond heb lwyddiant hyd yn hyn.

Tybed beth fyddai testunau stampiau petai swyddfeydd post Cymru a'r Alban yn medru dewis eu delweddau eu hunain? Oni fyddai'n wych pe gallem dalu teyrnged i Gymry enwog hen a diweddar neu ddathlu digwyddiadau hanesyddol a chyfraniad rhyfeddol Cymru i'r byd? A beth am ein holl safleoedd hanesyddol a'r trysorau yn ein hamgueddfeydd a'r Llyfrgell Genedlaethol; y Mabinogion; Sioe Llanelwedd, pensaernïaeth, bywyd gwyllt a thirluniau godidog yr hen wlad 'ma? Yn 2017, roedd yn ganmlwyddiant colli'r bardd Hedd Wyn adeg y Rhyfel Byd Cyntaf. Oni fyddai wedi bod yn briodol coffáu hynny ar stamp? Gwrthodwyd y cais hwnnw.

Datblygiad y Gwasanaeth Post modern a stampiau

Heb os, bu i ddatblygu a chyflymu cyfathrebu o fewn a rhwng gwledydd chwarae rhan hollbwysig yn nhwf y byd modern. Dyma fraslun o'r camau a gymerwyd ar y daith honno:

1) **Negeseuwyr** – yn y dyddiau cynnar, gwas fyddai'n mynd â neges neu lythyr. Gosodid argraff o sêl, gydag arfbais y sawl a yrrai'r neges yn y cwyr coch a ddefnyddid i gau a selio'r ddogfen, yn brawf o pwy a yrrodd y neges ac yn diogelu'r cynnwys rhag llygaid busneslyd.

2) **Colomennod** – byddai'r Persiaid, y

Rhufeiniaid a phwysigion yn y Canol Oesoedd yn defnyddio colomennod i gludo negeseuon. Ond hyd yn oed wedi i'r telegraff a'r ffôn gyrraedd parhaodd colomennod yn bwysig i gario negeseuon milwrol ar adegau o ryfel. Yn Seland Newydd ceid post colomen swyddogol i gysylltu Ynys Great Barrier â thref Auckland ar y tir mawr rhwng 1897 a 1908, oherwydd mai anaml y byddai'r fferi yn mynd. Yn Nepal a gogledd yr India pan fyddai daeargrynfeydd wedi chwalu'r ffyrdd a'r llinellau ffôn, colomennod oedd y dull sicraf o gysylltu â'r gwasanaethau argyfwng. Parhaodd hynny tan y 1990au pan ddaeth cyfryngau digidol drwy loerennau i gymryd lle'r golomen.

3) Y Gwasanaeth Post cynnar –

Cychwynnodd y post swyddogol cyntaf yng ngwledydd Prydain ar ffurf post ceffyl yn 1516 yn nyddiau cynnar teyrnasiad y brenin o dras Cymreig, Harri VIII. Roedd at ddefnydd y brenin a'r Llys ar y dechrau ond yn 1535 daeth yn wasanaeth i bawb ar yr amod eu bod yn talu am y cludiant.

Y Goets Fawr: o 1784. Byddid yn talu cludiant yn ôl y filltir, a'r derbynnydd fyddai'n talu am y gwasanaeth. Byddai swyddfa bost ymhob tref ar lwybr y goets fawr gyda'i marc post arbennig fyddai'n cael ei roi ar yr amlen ar ddiwedd pob rhan o'r daith cyn trosglwyddo'r llythyr i goets arall ar gyfer y rhan nesa o'r siwrnai. Codid tâl yn ôl pellter y siwrnai. Mae llawer o bobl yn casglu enghreifftiau o'r marciau post cynnar hyn ac yn ymddiddori yn hanes datblygiad y gwasanaeth a rhwydwaith ffyrdd post y goets fawr. Gall olrhain teithiau rhai o'r llythyrau hyn ynghyd â'u cynnwys ddweud llawer wrthym am hanes economaidd a chymdeithasol gwahanol gyfnodau ac ardaloedd.

4) Y Gwasanaeth Post modern

Bu i **Samuel Roberts** (S.R.), Llanbrynmair (1800-1885) argymell dull mwy effeithiol o dalu'r post, sef un taliad o geiniog gan y gyrrwr a stamp i brofi bod y taliad wedi ei wneud.

1840 – Gwelwyd **Rowland Hill** yn datblygu syniad S.R., a'r Swyddfa Post yn cyhoeddi stamp enwog y 'peni blac'. Derbyniodd S.R. wobr ariannol o £50 gan y Llywodraeth am ei syniad, ond Rowland Hill gafodd y clod i gyd. Bu i'r 'peni blac' chwyldroi'r gwasanaeth post am fod rhoi stamp ceiniog ar lythyr cymaint haws a mwy cyfleus na'r dull cymhleth blaenorol o benodi tâl. Daeth gyrru llythyrau yn llawer mwy poblogaidd ac yn anogaeth i bobl gyffredin i ymarfer y ddawn o ysgrifennu.

Yn 1853 cyflwynwyd **blychau postio**. Gwyrdd oedd lliw y rhai cyntaf.

Daeth **stampiau post** yn llawer iawn mwy cyffredin yn dilyn dyfodiad y rheilffyrdd yn yr 1850au-60au pan ddaeth trosglwyddo llythyrau yn llawer haws a chynt ac wrth i brisiau stampiau ostwng.

Sefydlwyd yr **UPU** (**Universal Postal Union – Undeb Post Rhyngwladol**) yn 1874 i hwyluso postio llythyrau rhwng gwledydd y byd.

Cafwyd cytundeb rhyngwladol i ganiatáu **gwasanaeth post awyr** yn 1929 a chyhoeddodd llawer o wledydd stampiau post awyr arbennig. Mae'n arferol erbyn hyn rhoi sticer bach glas gyda'r geiriau Par Avion, Air Mail neu Post Awyr ar lythyrau i'w cludo ar awyren.

Ynghanol yr 20fed ganrif, newidiodd y dull o ddosbarthu yn raddol o'r postman fyddai'n cerdded rhwydwaith o 'lwybrau postmon' yng nghefn gwlad, neu a deithiai ar feic, neu ar ferlen i ffermydd anghysbell, i'r **faniau bach coch** adnabyddus.

Rhwng 1965 a 1974 cyflwynwyd **codau post** ynghyd â nifer o ddatblygiadau yn nhechnoleg ffrancio a dosbarthu.

Yn wyneb y nifer enfawr o lythyrau a gâi eu postio erbyn y 1960au cyflwynwyd **gwasanaeth dosbarth cyntaf ac ail ddosbarth** yn 1968, gyda'r addewid y byddai llythyr dosbarth cyntaf a bostiwyd ar unrhyw ddiwrnod heblaw'r Sadwrn neu Ŵyl y Banc yn cyrraedd y diwrnod canlynol.

2011 a 2013 – **preifateiddio'r gwasanaeth post**. O ganlyniad gwelwyd cynnydd mewn cwmnïau preifat i ddosbarthu parseli yn arbennig, a gostyngiad sylweddol yn nifer y swyddfeydd post gwledig.

Stamp post awyr o'r UD

5) Sialens yr Oes Ddigidol

Erbyn heddiw disodlwyd i raddau helaeth yr arfer o yrru llythyrau a ysgrifennwyd â llaw bron yn gyfangwbl ymysg y genhedlaeth iau, gan gyfryngau digidol megis yr e-bost, Facebook, Twitter ac Instagram ayyb. Eto fyth, deil y gwasanaeth post i yrru miliynau o eitemau yn wythnosol, yn filiau, hysbysebion, cylchgronau, cylchlythyrau swyddogol, parseli ac, ym mis Rhagfyr, cardiau Dolig.

Beth am ddyfodol stampiau post? Daeth ffrancio amlenni masnachol yn fwy cyffredin ac erbyn hyn, yn enwedig yn dilyn preifateiddio'r gwasanaeth post, gosod label yn hytrach na stamp i gofnodi'r taliad ar barsel ac amlen mwy o faint. Er hynny, siawns na ddeil stampiau traddodiadol eu poblogrwydd ymhell i'r dyfodol oherwydd y delweddau y maent yn eu cyflwyno.

Stampiau – yn cyflwyno negeseuon

Mae stampiau yn gyfrwng da iawn i gyflwyno delweddau o bob math ac mae hynny yn ei dro yn fodd cyfleus i wladwriaethau ledaenu gwybodaeth, syniadau a phropaganda i ddinasyddion y wlad, ac yn rhyngwladol.

Gall y mathau o wybodaeth a gyflwynir ar stampiau amrywio yn arw:

- Delweddau a symbolau 'cenedlaethol'. Pwrpas portreadu baner, arlywydd neu deulu brenhinol y wlad ar stampiau yw hybu teyrngarwch y bobl, fel hefyd ar ei darnau arian a nodau papur.
- Dathlu arwyr cenedlaethol hen a diweddar a digwyddiadau hanesyddol pwysig.
- Addysgiadol: cyflwyno gwybodaeth am ddatblygiadau technolegol ac economaidd a delweddau amrywiol o dirlun, diwylliant, hanes, gwyddoniaeth, pensaernïaeth a byd natur.
- Chwaraeon: clodfori llwyddiannau athletwyr a thimau cenedlaethol.
- Ymgyrchoedd: dros iechyd ac addysg yn bennaf, a thros warchod yr amgylchedd a threftadaeth.
- Propaganda: negeseuon gwleidyddol amlwg.

Gall delweddau hardd ar stampiau ennyn balchder ymysg y bobl a chryfhau eu hymdeimlad o berthyn a theyrngarwch i'w mamwlad. Ar yr un pryd gellir cyfleu negeseuon ffafriol i dramorwyr all eu denu i ymweld fel twristiaid.

Neges amlwg ar stamp o'r UD

Ceir enghreifftiau amlwg iawn o bropaganda gwleidyddol ar rai stampiau, yn enwedig ar adegau o ryfel. Sylwch ar y stamp isod o Viet-Nam o adeg y rhyfel â'r Unol Daleithiau yn 1965, lle portreadir dwylo gweithwyr y byd yn trechu sarff

cyfalafiaeth ryngwladol, sydd â rhes o symbolau $ Americanaidd arni.

Elfen hollbwysig o ran cryfhau a hyrwyddo teyrngarwch i unrhyw wladwriaeth yw creu ymdeimlad o undod a sefydlogrwydd 'cenedlaethol'. Yn naturiol, golyga hynny mai'r Swyddfa Bost ganolog yn unig sy'n dewis a chytuno ar y testunau ar stampiau ac mai dim ond pynciau sy'n dderbyniol i'r wladwriaeth ganolog gaiff eu lle arnynt. Gwelwn hyn yn amlwg yn y dewis o bynciau Cymreig ac Albanaidd ar stampiau'r Swyddfa Post Brydeinig. Diben hynny, fel y dywedwyd eisoes, yw cryfhau'r syniad mai rhanbarthau yn unig ydym o fewn gwladwriaeth Prydain Fawr.

Cydnabod Cymru a Chymry ar stampiau'r byd

Y tu allan i wledydd Prydain talwyd sylw i Gymry enwog neu i unigolion o dras Cymreig gan amryw o wledydd tramor, yn enwedig os bu i'r unigolion hynny gyfrannu iddynt yn economaidd, yn boliticaidd, yn hanesyddol, yn dechnolegol neu yn ddiwylliannol. Mae'r rhestr yn un ddiddorol ac annisgwyl weithiau – yn annisgwyl, mewn rhai achosion, gan nad ydym bob tro yng Nghymru hyd yn oed yn ymwybodol o'u cyfraniadau na chwaith fod ganddynt gysylltiadau Cymreig. Da felly yw darganfod a deall sut mae Cymru a Chymry wedi cael, ac yn dal i gael, y fath ddylanwad a pharch gan wledydd ar draws y byd mawr o'n cwmpas.

At bwrpas y gyfrol hon, pan soniwn am gysylltiadau Cymreig gall hynny olygu bod yr unigolion dan sylw yn Gymry a anwyd yng Nghymru, neu a ymfudodd i'w gwlad newydd, neu eu bod o dras Cymreig. Golyga 'o dras Cymreig' fod cysylltiadau teuluol Cymreig hyd at ryw ddwy neu dair cenhedlaeth yn ôl ganddynt. Mae hyn yn union fel ym maes chwaraeon rhyngwladol, sydd yn rhoi'r hawl i beldroedwyr neu chwaraewyr rygbi fod yn rhan o'n timau cenedlaethol os oedd ganddynt nain neu daid Cymreig, neu â chysylltiadau eraill amlwg â Chymru. Dyma pam mai dim ond pump o Arlywyddion yr UD a gyflwynir gennym, er bod nifer fawr o rai eraill â gwaed Cymreig, ond bod hynny ymhellach yn ôl yn eu pedigri.

Cydnabuwyd rhai unigolion nad ydynt o dras Cymreig o gwbl, ac na aned yma, ond oedd â chysylltiad agos â Chymru, e.e. Marconi, a gyflawnodd lawer o'i arbrofion radio cynnar yng Nghymru, Paul Robeson y canwr Americanaidd ddatblygodd berthynas glòs â glowyr de Cymru, a Janos Arany a gyfansoddodd faled genedlaetholgar yn seiliedig ar stori Gymreig i ysbrydoli'r frwydr dros annibyniaeth Hwngari yn y 19eg ganrif.

Nid arwyr oeddent i gyd. Teg yw dweud bod rhai o'r dewisiadau, er yn ddilys o ran eu cysylltiadau teuluol, yn rhai dadleuol i ni. Cyfeirio yr ydym at rai a gyfrannodd, yn fwriadol neu'n anfwriadol, at amddifadu pobl frodorol o'u tiroedd a'u hunaniaeth mewn gwahanol rannau o'r byd, neu a gefnogodd gaethwasiaeth, e.e. H.M. Stanley a Jefferson Davis. Mae mwy o wirionedd – a llawer ohono yn erchyll – wedi'i ddatgelu am eu gweithredoedd bellach nag oedd ar gael yn gyffredin i'w cyfoeswyr.

Cawn ein cyflwyno, felly, yn y gyfrol hon, i gyfraniad Cymru fach i'r byd mawr drwy gyfrwng y Cymry hynny, neu rai o dras Cymreig, neu â chysylltiad agos â Chymru, a enillodd gydnabyddiaeth gan wahanol wledydd ar eu stampiau.

Cardigan Bay (1956-1988)

Ceffyl rasio mewn harnais neu geffyl trotian o Seland Newydd oedd Cardigan Bay, neu 'Cardy' fel y'i gelwid. Ef oedd y rasiwr cyntaf nad oedd o linach pedigri i ennill dros filiwn o ddoleri yn yr UD Ar sail hynny cafodd ei gyflwyno ar sioe deledu enwog Ed Sullivan yn yr UD, oedd ag ugain miliwn o wylwyr, fel y 'ceffyl miliwn doler'. Enillodd rasys yn Seland Newydd, Awstralia, yr UD a Chanada gan lawn haeddu ei le yn oriel anfarwolion ceffylau rasio'r byd.

Fe'i ganwyd yn Matura ar Ynys Ddeheuol Seland Newydd yn 1956, yn ebol i gaseg o'r enw Colwyn Bay a'i dad, y stalwyn Hal Tryax o'r UD Ei yrwyr-hyfforddwyr oedd Dave Todd a Peter Wolfenden yn Seland Newydd a Stanley Dancer, un o yrwyr trotian gorau'r UD

Dechreuodd rasio yn nhymor 1960-61 a thros y pedwar tymor nesa, yn Seland Newydd ac Awstralia, enillodd 43 gwaith allan o 67 a daeth yn ail 9 gwaith. Record ryfeddol ac yn fwy fyth o gamp i un nad oedd yn bedigri pur fel y mwyafrif o'r

Seland Newydd, stamp 1970

ceffylau rasio eraill.

Yn 1964, fe'i lesiwyd i'r UD am $100,000 lle bu iddo ennill yn erbyn y goreuon yn rhai o rasys mwyaf y wlad yn cynnwys y Derby Genedlaethol yn Hollywood Park yn 1965. Cafodd lwyddiant mawr yn 1966, gan ennill yn Yonkers, Efrog Newydd o flaen cynulleidfa o dros 45,000 ac yn 1967 enillodd y Gwpan Daleithiol, sef ras gyfoethocaf Canada.

Roedd 1968 yn fwy llwyddiannus fyth iddo ac enillodd gyfanswm o filiwn doler. Penderfynwyd ei ymddeol ar frig ei lwyddiant a dychwelodd i Seland Newydd yn arwr cenedlaethol gyda miloedd yn ei groesawu adref yn yr harbwr.

Daeargi Cymreig

Ceir y cofnod cyntaf o ddaeargi Cymreig

Stamp daeargi Cymreig 1989

yng ngwaith Dafydd ab Edmwnd yn y 15fed ganrif, sy'n ei wneud yn un o'r bridiau cydnabyddedig hynaf yng ngwledydd Prydain. Mae'n gi bychan torgoch, crychflew gyda phersonoliaeth a chalon fawr. Ei waith yn wreiddiol fyddai dal neu hel o'u daearydd lwynogod, moch daear a dyfrgwn, a lladd y llygod mawr ddeuai i feudai y ffermydd. Erbyn heddiw ci anwes neu gi sioe adnabyddus ydyw o frid cadarn a bywiog, yn sefyll 38-40cm ac yn pwyso 9-10kg. Enillodd y bencampwriaeth am y ci gorau yn sioe gŵn fawr Krufts fwy nag unwaith.

Fe'i sefydlwyd fel brid sioe yn 1886 pan ffurfiwyd Clwb y Daeargi Cymreig (*Welsh Terrier Club*) yn dilyn ymgyrch y bargyfreithiwr Walter Glyn o Lerpwl a frwydrodd i'w gydnabod fel brid ar wahân i'r *English Black and Tan Terrier* Seisnig. Prynodd Walter Glyn, ddeuai ar ei wyliau bob blwyddyn i Gricieth, gi bach ym Mhwllheli a'i enwi yn Dim Saesoneg ac yna mynd i'r afael â'r Clwb Cenel yn Llundain i gofrestru'r brid.

Yn 1888 mewnforiwyd daeargwn Cymreig i'r UD lle bu iddynt wneud yn dda mewn sioeau gan arwain at sefydlu Clwb Daeargwn Cymreig America yn 1900. Erbyn hyn ceir sawl clwb ledled y byd a phrofodd y daeargi Cymreig ei hun yn boblogaidd mewn sawl gwlad, fel y gwelwn o'r stamp iddo o Wlad Pwyl.

Roedd John F Kennedy yn berchennog balch ar ddaeargi Cymreig, fel yr oedd Clement Attley, prif weinidog Prydain (1945-1951) a Laura Ashley; a gwnaeth Ioan Mai Evans, Llithfaen lawer i boblogeiddio'r brid yng Nghymru ac ennill mewn sioeau yn y 1950au-70au.

Corgi

Yn draddodiadol defnyddid y corgi i yrru gwartheg yn siroedd Penfro a Cheredigion. Mae'n gi bychan (cor-gi) sionc ac yn ddigon isel i fedru osgoi cic pan mae'n brathu sodlau'r gwartheg i wneud iddynt symud am mai at i fyny mae buwch yn cicio fel arfer. Dyma gi defnyddiol i borthmyn fyddai'n gyrru gwartheg ar eu

Stamp corgi, 1999

siwrnai hir i Loegr, yn gi bywiog, gyda'r gallu i deithio yn hir heb flino.

Ceir dau fath o gorgwn: corgi Penfro sydd fel arfer yn goch a gwyn â chynffon gwta, a chorgi Ceredigion all fod yn fwy amrywiol ei liw, yn ddu a gwyn neu frown tywyll a gwyn â chynffon hir.

Mae ansicrwydd am darddiad y corgi. Tybia rhai fod corgi Penfro yn ddisgynnydd cŵn bychain Almaenig – y Deutsche Braken yw'r agosaf heddiw – a ddaeth gyda'r mewnfudwyr Ffleminaidd i dde Penfro tua'r 11fed ganrif, tra bod tebygrwydd yng nghorgi Ceredigion i'r Vallhund a'r Spitz o Sweden. Cysylltiad o gyfnod y Llychlynwyr efallai? Beth bynnag am wreiddiau'r ddau fath o gorgi buont yn ddefnyddiol i ffermwyr Dyfed ac fe'u datblygwyd dros y canrifoedd i'r hyn ydynt heddiw. Cyfeiria Guto'r Glyn yn y 15fed ganrif at 'gorgwn mân garw gwinau'.

Dechreuwyd sefydlu'r brid, heb wahaniaethu rhwng y ddau fath ar y cychwyn, gan aelodau'r Clwb Corgwn Cymreig a'u harddangos mewn sioeau o 1925 ymlaen, gan gynnwys Sioe Crufts gyntaf yn 1927. Cydnabuwyd y ddau fath – y Penfro a'r Ceredigion – gan y Kennel Club yn 1934. Daethant yn boblogaidd ar draws y byd, yn enwedig y math Penfro, ac yn America yn arbennig. Ceir llun corgi mewn setiau o stampiau o sawl gwlad, yn cynnwys Hwngari ac Afghanistan.

Pengwyn

Ceir y cofnod cyntaf o'r gair 'pengwyn' ar Awst 20fed, 1578 yn llyfr lòg y llong *Golden Hind*, yr hwyliodd Syr Francis Drake ynddi drwy gulfor Magellan ar ei daith rownd y byd: '*...infinite were the Numbers of the foule, the Welsh men name pengwin...*'

Un o deulu'r adar sy'n byw yn yr Antarctig a'r moroedd deheuol yw'r pengwyn. Maent oll yn cerdded yn dalsyth, yn methu hedfan ac yn magu eu cywion mewn nythfeydd enfawr.

Ar un olwg mae'r pengwyn yn debyg i deulu o adar môr a geir ym moroedd y gogledd, sef y carfilod, megis y llurs a'r gwylog, sy'n edrych yn debyg iawn i bengwyniaid y de, yn sefyll yn dalsyth, yn ddu a gwyn ond, yn wahanol i'r pengwyn, yn gallu hedfan drwy'r awyr.

Hawdd felly, pan welwyd pengwyniaid am y tro cyntaf, tybio mai adar fel rhai y gogledd oeddent. Ond beth am yr enw, pengwyn? Nid oes gan y llurs na'r gwylog ben gwyn. Ond, ac mae hon yn 'ond' bwysig, roedd yna fath arall o garfil yn bodoli yn y cyfnod hwnnw, sef y carfil mawr. Roedd hwn yn fawr fel rhai o'r pengwyniaid deheuol, yn methu hedfan, ac roedd ganddo glwt mawr gwyn amlwg ar ei ben. Hwn oedd y pen-gwyn gwreiddiol ac ar ei ôl ef yr enwyd pengwiniaid y de.

Gwaetha'r modd, am na allai hedfan, roedd y carfil mawr yn llawer rhy hawdd i'w ddal gan forwyr i'w fwyta. Lladdwyd yr olaf ohonynt ger Gwlad yr Iâ yn 1852.

Enw Gwyddeleg y carfil mawr yw *piongain*, gair diweddar wedi'i ffurfio o 'pengwyn', ond *ceann-fionn* yw'r gair yng Ngaeleg yr Alban, sydd hefyd yn golygu pen gwyn.

Stamp yn dangos y carfil mawr, neu y penwyn gwreiddiol; stamp Ynysoedd y Faroe, 2012

ANTURWYR

Daniel Boone, (1734-1820)

Daniel Boone oedd un o arwyr gwerin cyntaf yr Americanwyr, yn cynrychioli ysbryd a dewrder yr arloeswyr a fentrai i'r tiroedd gwyllt a pheryglus i'r gorllewin o fynyddoedd Appalachia. Dyma diroedd llwythau'r Shawnee ac eraill, a wrthwynebai oresgyniad eu tir gan 'y bobol wynebau gwynion'. Bu Daniel Boone hefyd yn swyddog milisia adeg rhyfel annibyniaeth yr U.D. ac ef osododd y sylfeini i sefydlu talaith Kentucky.

Credir mai dyn tawedog, heb lawer i'w ddweud, oedd Daniel Boone, ond bod John Filson yn ei lyfr *The Discovery, Settlement and Recent State of Kentucky* (1784), wedi gorliwio ei hanes a'i anturiaethau gan ei anfarwoli yn America ac Ewrop.

Ganed Daniel Boone yn Nyffryn Oley, Pensylfania. Crynwyr oedd ei rieni, a'i dad, Squire Boone o Ddyfnaint, wedi ymfudo i'r America yn 1713 o ganlyniad i erledigaeth grefyddol. Ei briod, a mam Daniel, oedd Sarah Morgan (1704-1770) o *Montgomery County*, Pensylfania, merch i Edward Morgan, oedd yn Gymro.

Yn 1756 priododd Daniel â Rebecca

Stamp coffa Daniel Boone, 1968

Bryan, a bu iddynt ddeg o blant. Cynhaliai ei deulu drwy hela, trapio a gwerthu crwyn, a olygai deithio am wythnosau i'r gwyllt. Yn ystod yr ysgarmesoedd a'r brwydro rhwng y bobl wynion a'r Shawneeaid cafodd Daniel ei ddal gan y brodorion. Ond dihangodd, dwyn ceffyl, a marchogaeth am bum niwrnod yn ôl at ei bobl ei hun gan eu rhybuddio mewn pryd am ymosodiad gan y Shawneeaid.

Wedi bywyd anturus bu farw Daniel Boone ym Medi 1820 ym Missouri, ond erys man ei gladdu yn ddirgelwch. Fe'i coffeir mewn enwau lleoedd, e.e. Fforest Genedlaethol Daniel Boone; tref Boone yng Ngogledd Carolina; sawl *Boone County* mewn gwahanol daleithiau a sawl ysgol â'i enw arnynt yn Kentucky, Missouri, a Phensylfania.

Meriwether Lewis, (1774-1809)

Ganed Meriwether Lewis yn Virginia yn
1774, yn fab i William Lewis (1733-1779),
oedd yn Gymro, tra deuai teulu ei fam,
Lucy Meriwether (1752- 1837), o Loegr yn
wreiddiol. Rhwng 1801 ag 1803 cafodd
Meriwether, oedd yn gyfaill teuluol a
chymydog i'r Arlywydd Thomas Jefferson,
swydd fel Ysgrifennydd Preifat iddo.
Roedd Jefferson yn frwd dros ehangu
ffiniau'r UD, a phenderfynodd noddi taith
fawr drwy'r Rockies i chwilio am lwybr at
arfordir y Môr Tawel. Penododd
Meriwether Lewis i arwain y daith a
dewisodd yntau William Clark o Virginia
yn gydymaith iddo, a deg o gynorthwywyr.

Cychwynwyd i fyny Afon Missouri ym
Mai 1804, gan ddilyn map a luniwyd gan yr
anturiwr o'r Waunfawr yn Arfon, John
Evans, a deithiodd 1,800 milltir i fyny'r
afon yn 1793-1794 i chwilio am lwyth o
Indiaid y tybid eu bod yn ddisgynyddion y
Tywysog Madog. Bu map John Evans,
ddaeth i ddwylo Thomas Jefferson, yn
ddefnyddiol iawn i Lewis a Clark wrth
iddynt ddilyn yr un trywydd a mynd lawer
ymhellach.

Ymlaen â nhw i rannau uchaf Missouri
cyn croesi'r rhaniad dŵr a dilyn afon fawr

*Dathlu 150mlwyddiant a 200mlwyddiant y
'Daith Fawr' yn 1954 a 2004*

arall – Afon Colombia – a chyrraedd
arfordir y Môr Tawel ym Mawrth 1806. Yn
ystod y daith bu iddynt daro ar nifer o
lwythau brodorol newydd a bu i Lewis
gofnodi a darlunio anifeiliaid, adar a
phlanhigion oedd yn newydd i
wyddoniaeth. Enwyd rhai ohonynt ar ei ôl
ac mae sawl tref, mynydd, coleg a llong yn
dwyn yr enw Lewis and Clark.

Dychwelodd Lewis i St. Louis ac yn

1807 fe'i penodwyd gan Jefferson yn ail Lywodraethwr Tiriogaeth Louisiana. Ond, gwaetha'r modd, aeth y ddiod gadarn yn drech nag ef a bu farw yn ŵr ifanc 35 oed yn 1809.

David Thompson (1770-1857)

Ganed David Thompson yn Llundain i David ac Ann Thompson, oedd newydd ymfudo yno o Gymru. Collodd ei dad pan oedd yn ddwy oed a rhoddwyd ef a'i frawd i ofal Ysbyty'r Grey Coat. Yno, yn yr ysgol elusennol, dangosodd allu rhyfeddol i drin rhifau ac o ganlyniad cafodd ei hyfforddi ym maes mordwyaeth a'r defnydd o gwmpawd a secstant.

Daeth ei ddoniau i sylw Cwmni Bae Hudson oedd yn masnachu ffwr o Canada ac yn 1784 cafodd gynnig prentisiaeth ganddynt. Hwyliodd i Churchill gan ddod yn fasnachwr crwyn a maes o law yn fapiwr i'r Cwmni. Dysgodd ieithoedd llawer o'r llwythau brodorol a gyfarfu a bu hynny o gymorth mawr iddo yn y blynyddoedd i ddod.

Daliodd ati hefo'r Cwmni hyd 1797, ond oherwydd ffrae penderfynodd eu gadael. Cafodd waith gan Gwmni'r Gogledd-Orllewin, ac roedd hynny'n drobwynt yn ei

Dathlu gwaith David Thompson, 1957

hanes. Gallai barhau â'i waith fel masnachwr crwyn, a theithio a mapio rhannau hollol newydd o Ganada.

Yn 1807 croesodd Fynyddoedd y Rockies a bu'n mapio'r ardal i'r gogledd o afon Columbia am gyfnod. Yna, yn 1811, yn fuan ar ôl taith epig Lewis a Clark, mapiodd yn hynod fanwl lwybr afon Colombia o'i tharddiad i'r môr, pellter o 1,200 milltir.

Ar sail ei enw da fel mapiwr, fe'i penodwyd i fod â gofal dros Gomisiwn Arolygu'r Ffin rhwng Canada a'r UD rhwng 1818 ag 1826. Difyr yw gweld, felly, ran hanfodol anturwyr a mapwyr o Gymry: John Evans, Waunfawr, Meriwether Lewis a David Thompson yn gosod y seiliau i ddiffinio'r ffin a welwn heddiw rhwng Canada a'r UD

Bu farw David Thompson yn Chwefror

1857 ym Montreal ac, yn 1957, i nodi canmlwyddiant ei golli, cyhoeddwyd stamp i'w goffáu.

John Wesley Powell, (1834-1902)

Cofir John Wesley Powell yn bennaf am ei daith yn dilyn afon Colorado drwy'r Ceunant Mawr, y *Grand Canyon*, yn 1869: taith dros 1,000 o filltiroedd a gymerodd bedwar mis i'w chwblhau,

Cymro oedd ei dad, Joseph Powell (1805- 1871), tra deuai ei fam, Mary (1803-1871), o ardal Hull yn Lloegr. Bu iddynt ymfudo i'r UD yn 1830 a ganed John Wesley ym Mount Harris, Efrog Newydd, yn un o naw o blant. Roedd anturio yn ei waed, ac yn ei ugeiniau cynnar rhwyfodd i lawr y Mississippi yn 1856, yr Ohio yn 1857 a'r Illinois yn 1858.

Ymunodd â byddin yr UD yn 1860 a chollodd ei fraich dde ym mrwydr fawr Shiloh. Er gwaetha hynny dychwelodd i'r fyddin a chymryd rhan mewn brwydrau eraill fel swyddog artileri.

Yn 1865 cafodd swydd fel Athro Daeareg ym Mhrifysgol Illinois, ac ar deithiau maes i'r gorllewin y cafodd y syniad o rwyfo i lawr afon Colorado drwy'r Ceunant Mawr. Ym Mai 1869

Dathlu canmlwyddiant taith J. Wesley Powell a'i fintai (1969)

cychwynnodd Powell a naw arall i lawr yr afon Werdd, Wyoming mewn tri cwch bychan hyd at lle yr ymunai â'r Grand River. O hynny ymlaen, drwy Utah, enw'r afon oedd y Colorado (yr afon goch), a ddisgynnai drwy sawl ardal o ddŵr gwyllt peryglus.

Daeth yr antur honno ag enwogrwydd rhyfeddol iddo, a hyd yn oed heddiw, gydag offer modern a mapiau manwl, ystyrir yr hyn a gyflawnodd yn gamp aruthrol. Heb wybod beth oedd o'u blaenau llwyddodd y pump a orffennodd y daith i frwydro drwy rym enbyd llifeiriant y dŵr gwyllt mewn cychod bychain bregus gan osgoi creigiau peryglus. Roedd angen dewrder a chryfder corfforol a meddyliol. A chofiwch, un fraich oedd ganddo.

Bu farw yn 1902 a'i gladdu, fel

cydnabyddiaeth o'i wasanaeth milwrol, ym mynwent Arlington.

Henry Morton Stanley (1841-1904)

Stamp trefedigaeth Congo Belgaidd 1928

Awdur, celwyddgi patholegol, ac imperialydd gwrth-Gymreig oedd John Rowlands/ H.M. Stanley yn ôl rhai, ond gohebydd a theithiwr anturus i berfeddion Affrica yn ôl eraill.

Mae hanes ei flynyddoedd cynnar yn ansicr, ond tybir iddo gael ei eni yn 1841 mewn bwthyn ger castell Dinbych yn fab i John Rowlands ac Elisabeth (née Parry). Ar farwolaeth ei dad yn 1843 aeth ei fam i Lundain ac ailbriodi yno. Gadawodd ei mab John yn Ninbych a chymerwyd ef i dloty Llanelwy.

Yn ei arddegau, hwyliodd John o Lerpwl i New Orleans. Yno fe'i mabwysiadwyd gan ŵr o'r enw Henry Morton Stanley, a chymerodd yntau yr enw hwnnw.

Bu'n filwr yn ystod Rhyfel Cartref yr U.D. ac yn ohebydd i'r *New York Herald*, gan ddangos dawn ysgrifennu ryfeddol. Tra oedd yn gweithio i'r papur fe'i gyrrwyd i chwilio am y cenhadwr o'r Alban, David Livingstone (1813-1873), oedd wedi diflannu yn Affrica. Wedi taith hir ac anodd drwy goedwigoedd dwyrain Affrica llwyddodd i ganfod y cenhadwr coll yn Ujiti yn 1871, gan greu stori newyddion o ddiddordeb byd-eang.

Dychwelodd i ganolbarth Affrica yn 1874, gan groesi'r 'cyfandir tywyll' drwy ddilyn yr afon Zaire i'r môr gorllewinol yn 1877. Ar sail hyn cafodd gomisiwn gan Leopold II, Brenin Gwlad Belg yn 1878 i ddychwelyd i'r Congo i adeiladu ffyrdd i hwyluso bwriad y Brenin i sefydlu yr hyn ddaeth yn un o'r trefedigaethau creulonaf, yn trin y brodorion yn fawr gwell na chaethweision. Cefnogai Stanley hynny ac imperialaeth Prydain. Enwyd dinas Stanleyville ar ei ôl, enw a newidiwyd i Kisangani yn 1966 pan sefydlwyd Gweriniaeth Ddemocrataidd y Congo.

Gŵr eithriadol o alluog, cymhleth ac anturus oedd John Rowlands/H.M. Stanley, ond un oedd â chreithiau dyfnion o'i blentyndod anffodus yn Nhloty

Llanelwy. Mae cerfluniau er cof amdano yn Ninbych a Llanelwy yn destun protestiadau gwrth-drefedigaethol o hyd.

Amelia Erhart (1897 – 1934?)

Nid o dras Cymreig, ond bu i wrhydri a dewrder y wraig hon a arloesodd ym myd hedfan ddod â hi i enwogrwydd byd-eang yn y 1930au. Bryd hynny byddai datblygiadau ym myd hedfan yn cael yr un sylw â theithiau i'r gofod heddiw.

Ganed Amelia yn 1897 yn ferch i Samuel ac Amy Earhart yn Atchison, Kansas. Roedd wrth ei bodd â phynciau gwyddonol yn yr ysgol ac yn 1919 aeth i Brifysgol Columbia i astudio mecaneg.

Cafodd ei phrofiad cyntaf o hedfan yn Long Beach yn 1920 pan brynodd daith awyren 10 munud, am bris o $10. Penderfynodd yn y fan a'r lle i ddysgu hedfan. Gweithiodd yn galed i dalu am wersi a phrynodd awyren fechan adain ddwbwl. Yn 1922 cyrhaeddodd 14,000 o droedfeddi ynddi, oedd yn record byd i ferch ar y pryd. Cafodd ei thrwydded hedfan lawn yn 1923.

Cafodd wahoddiad i groesi'r Iwerydd fel nafigator i Wilmer Stultz a Louis Gordon yn 1928 ac ar ôl taith 20 awr a 40 munud o Newfoundland dyma lanio yn Pwll, ger Porth Tywyn. Dyma'r croesiad cyntaf o ogledd America i Gymru a'r tro cyntaf i ferch groesi'r Iwerydd. Mae plac yn nodi'r ffaith ger y cei ym Mhorth Tywyn.

Stamp awyr yr UD, 1963

Yn 1932 croesodd yr Iwerydd ar ei phen ei hun, gan lanio mewn cae yng ngogledd Iwerddon. Yna, yn 1935 penderfynodd hedfan rownd y byd, taith enfawr o 29,000 milltir pe llwyddai. Cychwynnodd ym Mehefin 1937 o Florida, gyda Fred Noonan fel nafigator, gan groesi i Brasil, Affrica, India, Indonesia, gogledd Awstralia a Hawaii. Ond yna: trychineb. Wrth groesi o Hawaii collwyd cysylltiad â'r awyren a diflannodd. Mae'n ddirgelwch hyd heddiw beth ddigwyddodd, ond erys enw Amelia Earhart yn Oriel Anfarwolion y byd hedfan.

Gwyddonwyr a gofodwyr Cymreig NASA

Tecwyn Roberts o Landdaniel, Ynys Môn, fu'n gyfrifol yn y 1960au am osod ar ei thraed Ganolfan Reoli NASA yn Houston, Texas a chreu'r rhwydwaith dracio i gysylltu â gofodwyr Apollo. Yn 1976 daeth George Abbey yn Gyfarwyddwr ar deithiau gofod a chwaraeodd ran bwysig yn sefydlu'r Orsaf Ofod Ryngwladol. Ganed ei fam yntau yn Nhalacharn, Sir Gaerfyrddin.

Yn 1972, 'Ron' Ellwin (Elwyn) Evans (1933-1990) o Seattle oedd peilot Apollo 17, fu'n cylchu'r lleuad a thynnu lluniau o nodweddion arbennig tra bod ei gyd-ofodwyr, Eugene Cernan a Harrison Schmitt, yn glanio. Ar y ffordd yn ôl cafodd Evans fynd allan mewn siwt ofod i nôl casetiau o'r camerâu allanol. Roedd yn ddisgynnydd i Abner Evans (1726-1786) a ymfudodd o Sir Gaerfyrddin i Bensylfania a Lydia Evans (née Williams).

Ganed Joe Tanner yn Danville, Illinois yn 1950, ond un o Dregaron oedd ei fam. Ymunodd â NASA yn 1984 a hedfanodd bedair gwaith ar y Wennol Ofod, gan dreulio 40 niwrnod yn y gofod yn cynnwys gadael y Wennol i drwsio telesgop Hubble. Joe oedd y cyntaf i gario baner y ddraig goch i'r gofod ac fe'i cyflwynodd i Amgueddfa Genedlaethol Cymru yn ddiweddarach ar gyfer arddangosfa barhaol.

Meddyg o Ganada oedd Dafydd Rhys Williams (1954-) ac arbenigwr ar effeith-

Elwyn Evans, peilot Apollo 17; stamp Mosambïc 2012

iau'r gofod ar y corff dynol. Teithiodd ar y Wennol Ofod ddwywaith: yn 1998 ar fwrdd y Columbia i nodi effeithiau y cyflwr di-bwysau ac yn 2007 ar yr Endeavour ar ymweliad â'r Orsaf Ofod Ryngwladol. Cariodd faner Cymru, cap rygbi Gareth Edwards a Mr Urdd ar y Columbia, a darlledodd ychydig o eiriau Cymraeg o'r gofod. Cafodd ei fagu yn Quebec ond deuai ei dad o Fargoed, Cwm Rhymni.

Stamp Liberia yn dathlu Apollo 17

Stampiau eraill i ddathlu ymgyrchoedd NASA:
y byd dros orwel y lleuad o Apollo 8, stamp 1968;
ôl troed Neil Armstrong, stamp Gurnsey 2019
bu prosiect Mercury (1958-63) yn profi technoleg a systemau y NASA newydd, stamp 1962;
dathlu glaniad Apollo 11 ar y lleuad, 20fed Mehefin, 1969

Y Wennol Ofod, stamp 1981;
nofio'n rhydd yn y gofod, stamp 1967;
dathlu degawd yn y gofod, stamp 1971

John Adams (1735-1826),

Ail Arlywydd yr UD

Roedd John Adams yn wleidydd craff ac yn un o arweinyddion y Chwyldro Americanaidd a enillodd ryddid oddi ar Brydain. Ef oedd Is-lywydd cyntaf yr UD o dan George Washington ac ail Arlywydd yr UD rhwng 1797 ac 1801. Ef oedd yr Arlywydd cyntaf i fyw yn y Tŷ Gwyn yn Washington ac mae ei ddyddiaduron a'i lythyrau ymysg y ffynonellau pwysicaf o wybodaeth am y cyfnod.

Deillia llinach John Adams o hen deulu fferm Pen y banc, Llanboidy, Sir Gaerfyrddin. Yno y magwyd ei daid, David Adams, a ymfudodd i'r UD yn 1675.

Ganwyd John Adams yn Quincy, Massachusetts. Daeth yn gyfreithiwr yn 1758, a datblygodd yn ddiplomydd a gwladweinydd craff. Roedd yn awdur llyfrau, megis Thoughts on Government (1780), gaf-

Stamp John Adams, Cyfres Arlywyddion yr UD, 1938

odd gryn ddylanwad ar ffurf llywodraeth yr UD wedi iddi ennill ei rhyddid.

Daeth i amlygrwydd gyntaf yn 1765 pan wrthwynebodd Ddeddf Stamp y Llywodraeth Seisnig a basiwyd i drethu dogfennau, papurau newydd, polisïau yswiriant a hyd yn oed gardiau hapchwarae. Dadleuodd John Adams yn erbyn y trethi hyn ar y sail eu bod yn drwm, yn anghyfiawn, ac wedi eu gwthio ar yr Americanwyr heb eu caniatâd.

Yn 1768, symudodd i fyw i Boston, lle chwaraeodd ran bwysig yn yr ymgyrch dros annibyniaeth. Cefnder iddo oedd Samuel Adams, gwrthryfelwr amlwg a fu'n flaenllaw yn y weithred a adnabyddir fel 'Parti Te Boston' yn 1773. Bu i adwaith greulon milwyr llywodraeth Prydain i'r brotest honno arwain yn uniongyrchol at Ryfel Annibyniaeth yr UD (1775-1783).

Roedd John Adams ynghanol y berw hwn a chyfrannodd ef a Thomas Jefferson yn helaeth at lunio Datganiad Annibyniaeth America yn 1776. Daeth ei fab, John Quincy Adams, yn 6ed Arlywydd yr UD

Thomas Jefferson (1743-1826),

Trydydd Arlywydd yr UD

Bu Thomas Jefferson yn Arlywydd rhwng 1801 ac 1809 ar gyfnod pan oedd yr UD ifanc yn prysur ehangu o'r 13 Talaith wreiddiol tua'r gorllewin. Bu'n gyfrifol am 'Bryniant Louisiana' yn 1803, wnaeth ddyblu maint yr UD, ac fe noddodd daith fawr Lewis a Clark i groesi mynyddoedd y Rockies i'r Môr Tawel (1804-1806).

Ychydig a wyddwn i sicrwydd am ei wreiddiau, heblaw fod ei daid yn hanu o Eryri, a'i nain o Lyn Ceiriog. Roedd ei dad, Peter Jefferson, yn berchennog planhigfa dybaco, a elwid yn 'Snowden' yn Virginia, lle ganed Thomas Jefferson yn 1743.

Cyn dod yn wleidydd, cyfreithiwr a phensaer oedd Thomas Jefferson. Gallai siarad chwe iaith, gan gynnwys rhywfaint o Gymraeg. Yn 1772 priododd â Martha (née Wayles Skelton) ac aethant i fyw i Monticello, Charlottesville, Virginia, a gynlluniwyd gan Jefferson ei hun.

Cyfres Americanwyr blaenllaw, 1965

Roedd ei enaid yn berwi yn erbyn anghyfiawnder trethi Lloegr ar y 13 talaith, a defnyddiodd ei sgiliau gwleidyddol a geiriol i gefnogi annibyniaeth a chreu'r America newydd. Ef oedd prif awdur Datganiad Annibyniaeth yr UD a phennaeth y Pwyllgor o Bump a'i cyflwynodd gerbron Cyngres y Taleithiau ym Mehefin 1776. Erys ei osodiad bod 'pob dyn wedi ei greu yn gyfartal' hyd heddiw yn un o seiliau cadarnaf hawliau dynol.

Daliodd sawl swydd uchel yn llywodraeth yr UD yn cynnwys llysgennad i Ffrainc ac Ysgrifennydd Gwladol o dan George Washington cyn dod yn Arlywydd rhwng 1801 ac 1807. Bu farw yn 83 oed yn Charlottesville yn 1826 ar yr un diwrnod â'i gyfaill John Adams, hanner can mlynedd union wedi i'r ddau arwyddo'r Datganiad Annibyniaeth.

Yn 1933 dadorchuddiodd Prif Gonswl yr UD blac i gydnabod gwreiddiau teulu Thomas Jefferson o ochr ei nain yng Nglyn Ceiriog, a dadorchuddiwyd un arall yn 1993 yn yr Amgueddfa Lechi Genedlaethol yn Llanberis, i nodi gwreiddiau ei daid yn Eryri.

James Monroe (1758-1831),

Pumed Arlywydd yr UD

Ganed James Monroe yn Virginia yn 1758. Roedd ei dad, Spence Monroe (1727-1774), yn fab i fewnfudwyr o'r Alban a'i fam, Elizabeth Jones (1730-1772), yn ferch i fewnfudwyr o Gymru, sef James Jones a Hester (née Davis). Yn anffodus ni wyddwn o ba ran o Gymru y daethant. Ar farwolaeth ei fam yn 1772 a'i dad yn 1774 fe'i cymerwyd dan adain ei ewythr, Joseph Jones.

Yn 1776 ymunodd James â chatrawd Virginia yn y frwydr hir dros annibyniaeth. Cafodd ei anrhydeddu gan George Washington am ei ddewrder a'i benodi ganddo yn ddiweddarach (1794-1796) yn llysgennad yr UD i Ffrainc ac, o dan Adams a Jefferson, yn llysgennad i Brydain (1803-1807). Daeth yn Llywodraethwr Virginia a bu o gymorth i Thomas Jefferson i sicrhau Pryniant Louisiana oddi ar

Dathlu 200mlwyddiant geni Monroe, 1958

Ffrainc yn 1803 a Florida, yn cynnwys hawliau dros Oregon, oddi ar Sbaen yn 1819.

Daeth yn bumed Arlywydd yr UD, 1817-1825, ac fe'i cofir yn bennaf am yr hyn a elwid yn Athrawiaeth Monroe (Monroe Doctrine), sef polisi a wrthwynebai goloneiddio Ewropeaidd ar gyfandir America. Rhoddodd gydnabyddiaeth wleidyddol i wledydd yn ne a chanolbarth America oedd wedi ennill eu hannibyniaeth oddi ar Sbaen, gan ddatgan na chaniatâi'r UD i wledydd Ewrop ddychwelyd ac ailfeddiannu eu cyn-drefedigaethau. Roedd hwn yn bolisi pwysig yn natblygiad gwleidyddol cynnar yr UD a pharhaodd i ddylanwadu ar agwedd yr UD tuag at 'ymyrraeth allanol' yng ngwleidyddiaeth yr Americas hyd heddiw.

Roedd Monroe hefyd yn frwd dros roi cyfle i gaethion oedd wedi ennill eu rhyddid i ddychwelyd, pe dymunent, i orllewin Affrica. Dechreuodd hynny ddigwydd yn 1818, gan arwain yn 1848 at sefydlu gwladwriaeth newydd, Liberia. Galwyd ei phrifddinas yn Monrovia ar ôl yr Arlywydd James Monroe.

John Quincy Adams (1767-1848),

Chweched Arlywydd yr UD

Yn fab hynaf i John Adams, ail Arlywydd yr UD, cafodd John Quincy yrfa wleidyddol hir fel llysgennad, Ysgrifennydd Gwladol (1817-1825), Arlywydd (1825-1829) a chynrychiolydd Massachusetts yn y Gyngres (1830-1848).

Fe'i ganed ar fferm y teulu ger Quincy, Massachusetts ond treuliodd lawer o'i ieuenctid yn Ewrop, lle roedd ei dad yn ddiplomydd. Yn 1793, ac yntau ond yn 26 mlwydd oed, penodwyd John Quincy gan George Washington yn swyddog gweinyddol ac yna'n llysgennad i gynrychioli buddiannau'r UD yn Ewrop. Fe'i hanfonwyd i'r Iseldiroedd ac i sawl gwlad arall yn cynnwys Prwsia (Berlin), Rwsia a Phrydain. Dywedodd Washington mai ef oedd y *'swyddog mwyaf gwerthfawr sydd gennym yn gweithio dramor'*.

Tra'n gwasanaethu yn Ewrop y bu iddo gyfarfod â'i wraig, Louisa, a phriododd y ddau yn Llundain yn

Stamp yng nghyfres Arlywyddion yr UD, 1938

1797. Rhwng 1806 ac 1809 bu'n darlithio ym Mhrifysgol Harvard ac roedd yn areithydd huawdl ac effeithiol. Llefarodd yn gryf ar sawl achlysur yn erbyn caethwasiaeth.

Daeth yn Ysgrifennydd Gwladol dan J Monroe yn 1817 gan gymryd rhan flaenllaw yn y trafodaethau ynglŷn â'r ffiniau rhwng Sbaen a'r UD a roddodd Florida i'r UD yn 1819 ynghyd ag Oregon yn y gorllewin. Gosododd y seiliau hefyd, ar ran yr Arlywydd, i Athrawiaeth Monroe (1823), a ddiffiniodd gylch diddordeb yr UD yn yr Americas.

Pan gafodd ei ethol yn Arlywydd yn 1825 ceisiodd gyflwyno rhaglen o welliannau i ffyrdd a chamlesi, sefydlu prifysgol genedlaethol a datblygu perthynas agosach â gwledydd newydd de a chanolbarth America. Ond cymysg fu ei lwyddiant. Dywedir ei fod, fel llysgennad ac Ysgrifennydd Gwladol, ymysg y goreuon, ond canolig oedd o fel Arlywydd. Tra'n cynrychioli Massachusetts yn y Gyngres, ymgyrchodd dros ddileu caethwasiaeth a sicrhau cydnabyddiaeth decach i hawliau'r llwythau brodorol.

Abraham Lincoln (1809-1865),

16eg Arlywydd yr UD

Yn hanner cyntaf yr 17eg ganrif ymfudodd Elen Morus, Bryngwyn, Ysbyty Ifan i'r America a chartrefu ym Mhensylfania. Yno, priododd â Cadwaladr Evans o'r Ucheldre, Penllyn. Priododd eu merch, Sarah, â John Hanks a chawsant ferch, Nancy Hanks (?1784-1818). Yn 1806 priododd Nancy â Thomas Lincoln (1778-1851), amaethwr gweddol dlawd yn Washington County, Kentucky. Yno, yn y 'caban pren' enwog, y ganed iddynt Abraham yn 1809.

Pan gollwyd Nancy yn 1818, ailbriododd Thomas Lincoln â Sarah Bush (1788-1869). Bu hi o gymorth enfawr i Abraham, gan fynnu ei fod yn cael yr addysg orau, fyddai'n agor drysau iddo ym myd y gyfraith. Yn 1842 priododd Abraham â Mary (née Todd) a bu iddynt bedwar o fechgyn.

Portread o Lincoln, 1902

Coffeir Lincoln yn anad dim am ei ymdrech i gadw undod yr UD pan arweiniodd yr anghytuno ffyrnig rhwng taleithiau'r Gogledd a'r De ynglŷn â chaethwasiaeth at Ryfel Cartref enbyd. Plediai Lincoln dros ddiddymu'r drefn anghyfiawn honno ac yn Etholiad 1860 safodd am yr Arlywyddiaeth dros y Blaid Weriniaethol ar sail hynny. Mae'n werth nodi, fel rhan o'i ymgyrch, iddo argraffu 100,000 o bamffledi etholiadol Cymraeg i geisio ennill pleidleisiau ymhlith Cymry Cymraeg niferus yr UD.

Yn drist iawn, gwrthododd taleithiau'r De ddiddymu caethwasiaeth, gan ymadael â'r Undeb i ffurfio Taleithiau Cydffederal y De dan arweiniad gŵr arall o dras Cymreig, sef Jefferson Davis. Parhaodd y rhyfel am dros bedair blynedd.

Yn Ebrill 1865, bum niwrnod wedi i'r Cadfridog Robert E. Lee a'i fyddin Gydffederal ildio, cafodd Abraham Lincoln ei saethu'n farw gan John Wilkes Booth, actor, ysbïwr a chefnogwr brwd i'r Cydffederalwyr. Bwriadai Booth herwgipio'r Arlywydd, ond pan glywodd ei fod am ganiatáu'r bleidlais i Affricanwyr Americanaidd penderfynodd ei ladd.

Jefferson Finis Davis (1808-1889)

Gwleidydd, milwr, ac unig Arlywydd y Taleithiau Cydffederal (1861-1865) yn ystod Rhyfel Cartref America.

Roedd taid a nain Jefferson Davis, oedd yn enedigol o Eryri, wedi ymfudo ar wahân o Gymru i Philadelphia, Pensylfania ar ddechrau'r 18fed ganrif. Setlodd ei daid Evan Davi(e)s yn Georgia, a phriodi Mary Emory Williams a bu i'w mab, Samuel Emory Davis (1756-1824) frwydro yn y Carolinas a Georgia dros annibyniaeth yr UD. Yn 1783 priododd â Jane (née Cook). Galwyd eu degfed plentyn yn Jefferson ar ôl yr Arlywydd Thomas Jefferson.

Ymhen amser, byddai Jefferson Finis Davis yn graddio o West Point. Gwelodd frwydro yn yr hyn a elwid yn Rhyfeloedd yr Indiaid ac yn erbyn lluoedd Mecsico, gan ddangos dewrder neilltuol ym mrwydr waedlyd Buena Vista.

Stamp 1863 yn portreadu Jefferson Davis

Gwraig gyntaf Jefferson oedd Sarah, merch yr Arlywydd Zachary Taylor, yn 1835. Ond ymhen tri mis bu farw hithau. Ailbriododd yn 1845 â Chymraes, merch i berchennog planhigfa ym Mississippi, sef Varina Howell (1826-1905), a ganed iddynt chwe phlentyn.

Etholwyd Jefferson Davis i'r Gyngres yn 1847 a daeth yn arweinydd y Democratiaid Deheuol. Rhwng 1853 ac 1857 ef oedd Ysgrifennydd Rhyfel yr Arlywydd Franklin Pierce.

Ond aeth pethau'n ddrwg yn 1860 oherwydd y ddadl dros ddileu caethwasiaeth. Yn 1860-1861 torrodd deg o daleithiau'r de i ffwrdd oddi wrth undeb yr UD gan arwain at bedair blynedd o Ryfel Cartref gwaedlyd. Arlywydd yr Undeb oedd Abraham Lincoln ac Arlywydd y Taleithiau Cydffederal oedd Jefferson Davis – y ddau o dras Cymreig. Parhaodd y rhyfel hyd 1865, pryd y gorchfygwyd y Cydffederalwyr.

Yn fuan wedyn carcharwyd Davis a bu dan glo am ddwy flynedd cyn cael ei ryddhau yn 1867. Ymgartrefodd yn Kentucky lle treuliodd weddill ei oes yn magu ceffylau rasio.

Roger Williams (1603-1683)

Gweinidog Piwritanaidd oedd Roger Williams arweiniodd at sefydlu Talaith Rhode Island ac a safai'n gryf dros ryddid crefyddol a hawliau teg i'r brodorion Americanaidd. Roedd ymysg y cyntaf i ddadlau dros ddileu caethwasiaeth.

Roedd yn ddisgynnydd i William ap Ieuan (1443-1468) o Lanisien. Roedd hwnnw'n daid i Walter Williams (1497-?) a ymfudodd i Loegr fel y gwnaeth amryw o uchelwyr Cymreig yng nghyfnod y Tuduriaid. Dair cenhedlaeth yn ddiweddarach ymfudodd Roger Williams, yn 1630, i Massachusetts lle daeth yn weinidog Eglwysig yn Salem yn 1634. Dadleuodd yn erbyn 'celwydd' y Brenin James a lladrad tiroedd y brodorion gan y gwynion gan fynnu y dylai Lloegr dalu pris teg a chyfreithlon am y tiroedd hynny.

Fe'i cyhuddwyd gan y Llys yn Boston o arddel syniadau cyfeiliornus a pheryglus a chollodd ei swydd yn yr Eglwys. Ond nid ataliodd ei dafod ac yn 1636, cyn iddo gael ei arestio yn Salem, dihangodd i'r tiroedd brodorol a chael lloches gan lwyth y

Stamp UD, Roger Williams, 1936

Narragansett. Yma y sefydlodd dref Providence, yn seiliedig ar ddemocratiaeth a rhyddid crefyddol. Am y 40 mlynedd nesa bu'n cymodi rhwng y brodorion a'r gwynion a chymerodd ddiddordeb mawr yn yr ieithoedd brodorol gan gyhoeddi'r llyfr cyntaf i ymdrin â'r pwnc.

Yn wyneb bygythiad i Providence gan Biwritaniaid ffwndamentalaidd Boston, a ystyriai ei fod yn heretic, teithiodd i Lundain a chael siarter gyfreithiol yn 1644 i ddiogelu hawliau ei drefedigaeth. Arweiniodd hyn yn ddiweddarach at sefydlu Talaith Rhode Island.

Ystyrir Williams yn ffigwr hanesyddol pwysig a ddylanwadodd ar feddylfryd y rhai a luniodd gyfansoddiad yr UD, yn enwedig Thomas Jefferson, wrth iddynt ystyried rhyddid crefyddol.

Catherine Fawr o Rwsia (1729-1796)

Nid oedd gan Catherine Fawr gysylltiad uniongyrchol â Chymru ond roedd cysylltiadau addysgiadol ac economaidd sy'n werth tynnu sylw atynt. Daeth Catherine yn Ymerodres Rwsia rhwng 1762 a 1796 yn dilyn *coup d'état* a drefnwyd ganddi yn erbyn ei gŵr, yr Ymerawdwr Peter III.

Ystyrir ei theyrnasiad yn Oes Aur i Rwsia pan ddaeth yn un o bwerau mawr Ewrop ar adeg o ehangu ymerodraethol i ddwyrain Ewrop, y Môr Du, Siberia a hyd yn oed Alaska. Bu'n gyfrifol am ddiwygio llywodraeth leol, brechu carfan sylweddol o'r boblogaeth rhag y frech wen, a noddi'r celfyddydau. Ond prin y gallai wella cyflwr truenus y werin bobl, y taeogion, nad oeddent yn fawr mwy na chaethion i'r ystadau mawrion.

Ymddiddorai'n fawr mewn hyrwyddo addysg, a gyrrodd gynrychiolwyr i edrych yn fanwl ar ddulliau addysgiadol drwy Ewrop. Dyma pryd y daeth ysgolion teithiol Griffith Jones, Llanddowror, i'w sylw. Byddai ef yn gyrru athrawon dros dro i wahanol bentrefi ar hyd a lled Cymru, lle byddent yn aros am chwe wythnos i ddysgu'r bobl gyffredin i ddarllen. Y bwriad oedd eu galluogi i ddarllen y Beibl Cymraeg ar adeg pan oedd yr Eglwys wladol yn llwgr, yn orthrymol, a llawer o'i hoffeiriaid yn pregethu yn Saesneg – iaith na allai'r mwyafrif ei deall. O ganlyniad, erbyn 1762 roedd dros hanner

Stamp Rwsia, 2004

poblogaeth Cymru yn gallu darllen – cyfartaledd oedd yn ail uchaf drwy Ewrop (ar ôl Gwlad yr Iâ). Gwaetha'r modd, gwelai tirfeddianwyr Rwsia beryglon mewn rhoi addysg i'w taeogion ac ni ddaeth fawr ddim o'r cynllun.

Cysylltiadau eraill â Chymru oedd i Catherine benodi Cymro, y Llyngesydd William Lewis, i fod yn gyfrifol am lynges Rwsia, a bod catrodau o fyddin Catherine wedi eu dilladu yn y cotiau llaes oedd mor nodweddiadol ohonynt – cotiau o frethyn Dolgellau.

David Lloyd George (1863-1945)

David Lloyd George yw'r unig Brif Weinidog Prydeinig hyd yn hyn oedd yn Gymro Cymraeg. Fe'i ganed ym Manceinion ond fe'i magwyd gan ei fam weddw a'i brawd, y crydd Richard Lloyd, ym mhentref Llanystumdwy rhwng 1864 ac 1880. Daeth yn gyfreithiwr yng Nghricieth yn 1885.

Daeth yn adnabyddus am ymladd achosion radicaliaeth ac yn 1890 cafodd ei ethol i Senedd San Steffan dros y Rhyddfrydwyr yn etholaeth Bwrdeistrefi Caernarfon, sedd a ddaliodd hyd 1945. Yn yr 1890au, gyda'r mudiad gwladgarol Cymru Fydd yn ei anterth, dadleuodd yn frwd dros ymreolaeth i Gymru, yr Alban ac Iwerddon a thros ddatgysylltu'r Eglwys yng Nghymru.

Yn 1908 fe'i penodwyd yn Ganghellor y Trysorlys lle roedd mewn sefyllfa i wthio amryw o ddiwygiadau cymdeithasol poblogaidd, yn cynnwys pensiwn i'r henoed, yswiriant iechyd cenedlaethol, treth etifeddiaeth ar y cyfoethogion ac ymgyrch radical i ddiwygio hawliau tir a ysbrydolwyd gan ei atgofion am orthrwm landlordiaid Sir Gaernarfon ar eu tenantiaid.

Adeg y Rhyfel Cyntaf daeth yn Weinidog Arfau yn 1915, yn Weinidog Rhyfel yn 1916 ac yn Brif Weinidog effeithiol. Roedd yn un o'r arweinyddion arwyddodd Gytundeb Heddwch Versailles yn 1919, pryd y dywedir iddo drafod materion yn Gymraeg gyda 'Billy' Hughes, Prif Weinidog Awstralia.

Stamp Guyana 2014

Roedd y modd iddo ddelio â streic y glowyr yn ne Cymru yn 1916 yn amhoblogaidd, ac arweiniodd at lwyddiant ysgubol y Blaid Lafur o hynny ymlaen. Dadleuol hefyd oedd ei ymdriniaeth o wrthryfel annibyniaeth Iwerddon 1916-1921 a methodd yn yr ymgyrch y bu mor gryf drosti dros ymreolaeth i Gymru a'r Alban. Materion dadleuol eraill oedd ei gefnogaeth yn 1917 i Ddatganiad Balfour a arweiniodd at sefydlu gwladwriaeth Israel ym Mhalesteina, ac nid oedd yn boblogaidd ymysg y 'Suffragettes' oedd yn brwydro dros hawl merched i bleidleisio.

Joseph Jenkins Roberts (1809-1876)

Arlywydd cyntaf Liberia

Gwlad yng ngogledd-orllewin Affrica yw Liberia a sefydlwyd yn 1848 yn gartref i gaethion o'r UD a'r Caribî oedd wedi eu rhyddhau. Joseph J Roberts oedd Arlywydd cyntaf y wladwriaeth newydd, rhwng 1848 ac 1856 ac am yr eildro rhwng 1872 ac 1876.

Ganed Joseph J. Roberts yn Norfolk, Virginia yn 1809, yr hynaf o saith plentyn i Amelia Roberts, caethferch a enillodd ei rhyddid a thrwy hynny ryddid ei phlant. Priododd â James Roberts, oedd yn negro rhydd. Ond tad biolegol Joseph oedd Cymro o'r enw Jenkins a redai'r blanhigfa lle gweithiai ei fam pan oedd yn gaeth. Hyn sy'n cyfri am ei enw canol.

Rhedai'r teulu Roberts fusnes trosglwyddo nwyddau ar gychod ar Afon James yn Virginia, ond oherwydd cyfyngderau ar hawliau pobl dduon roedd pethau'n anodd. Pan glywsant am yr ymgyrch i sefydlu trefedigaeth yng ngorllewin Affrica fyddai'n rhoi cyfle newydd i gyn-gaethion, penderfynodd y teulu ymfudo yno. Roedd hynny yn 1829, flwyddyn ar ôl i Joseph briodi â Sarah, ond ymhen blwyddyn wedi iddynt ddyfod i Liberia, bu hi a'i phlentyn farw.

Coffawyd Joseph J. Roberts ar amryw o stampiau Liberia. Dyma un o 1948.

Ailbriododd Joseph fodd bynnag, a'i ail wraig oedd Jane Rose Waring.

Sefydlodd fusnes llwyddiannus yn gwerthu cynhyrchion a wnaed o goed palmwydd a chymerodd ddiddordeb mewn gwleidyddiaeth. Daeth yn arweinydd yr ymgyrch lwyddiannus a enillodd annibyniaeth drwy refferendwm i Liberia yn 1847 ac ar Ionawr y 1af, 1848 daeth yn Arlywydd cyntaf y weriniaeth newydd. Fe'i cydnabuwyd gan fwyafrif gwledydd Ewrop ond bu raid aros tan lywodraeth Lincoln yn 1862 cyn i'r UD ei chydnabod oherwydd rhagfarn yn erbyn diplomyddion duon. Deil Joseph J Roberts yn arwr yn Liberia ac mae ei benblwydd, Mawrth y 15fed, yn wyliau cenedlaethol bob blwyddyn.

William ('Billy') Morris Hughes (1862-1952)

7fed Prif Weinidog Awstralia (1915-1923)

Unig fab William a Jane (née Morris) Hughes oedd 'Billy' Morris Hughes, ond er mai Cymry oedd ei rieni, fe'i ganed yn Llundain. Brodor o Gaergybi oedd William Hughes, saer a gyflogid yn Nhŷ'r Arglwyddi yn Llundain. Merch fferm o Lansantffraid, Maldwyn oedd Jane.

Pan fu farw ei fam yn 1868 aeth Billy i fyw at ei fodryb i Ffordd yr Abaty, Llandudno. Bu yno am 5 mlynedd, gan fynychu hen Ysgol Ramadeg Llandudno cyn dychwelyd i Lundain a dod yn athro-ddisgybl mewn ysgol yn Westminster.

Ymfudodd i Awstralia yn 1884, a chafodd waith fel clerc rheilffordd, gwas fferm, a hyd yn oed gogydd llong. Yn 1893 fe'i hetholwyd yn Drefnydd Undeb Gweithwyr Awstralia ac yn 1894 yn aelod o Senedd Daleithiol De Cymru Newydd.

Priododd yn 1886 ag Elizabeth (née Cutts), ond bu hi farw yn 1906. Ailbriododd yn 1911 â Mary Ethel (née Campbell).

Yn 1915 fe'i hetholwyd yn seithfed Prif Weinidog Llywodraeth Ffederal Awstralia gan ddal y swydd hyd 1923. Yn ystod ei gyfnod yn Brif Weinidog, bu'r Rhyfel Byd Cyntaf, ac aeth nifer o fechgyn a merched Awstralia a Seland Newydd i frwydro yn Ewrop. Ar ddiwedd y Rhyfel pan aeth y cynghreiriaid buddugol ati yn 1919 i drefnu'r telerau hedd-wch yn Versailles, byddai Lloyd George

Cyfres Prif Weinidogion Awstralia, 1972

a Billy Hughes yn trafod rhai materion yn Gymraeg fel na allai neb arall eu deall.

Bu'n aelod o Senedd Awstralia am 51 mlynedd ac yn uchel ei barch fel gwleidydd craff. Bu farw yn 1952 a'i gladdu ym mynwent Northern Suburbs, Sydney.

Ar ymweliad â Chymru yn Awst 1932 cafodd groeso dinesig gan Gyngor Tref Llandudno a dadorchuddiodd y gofgolofn i Lloyd George ar y Maes yng Nghaernarfon.

Eric Eustace Williams (1911-1981)

Prif Weinidog cyntaf
Ynysoedd Trinidad a Tobago

Ychydig a wyddom i sicrwydd am gefndir teuluol Eric E Williams ymhellach yn ôl na'i hen daid, 'Old King' Williams, oedd yn gweithio fel warden yng ngharchar Ynys Nevis, a'i hen nain, Sara (née James) (1830-1915) o Ynys St Vincent. Mab iddynt oedd James Thomas Williams (1855-1915) a briododd Oncmia Williams a mab iddynt hwythau oedd Henry Thomas Williams (1878-1946) oedd yn was sifil dan y drefn drefedigaethol Brydeinig ac yn ŵr i Eliza (née Boisierre). Henry ac Eliza oedd rhieni Eric Eustace Williams (1911-1981), ddaeth yn Brif Weinidog cyntaf ynysoedd Trinidad a Tobago pan ddaethant yn annibynnol yn 1962, hyd ei farwolaeth yn 1981.

Mae'n amlwg bod Eric yn fachgen ifanc disglair, gan iddo ennill ysgoloriaeth i Brifysgol Rhydychen i astudio hanes. Profodd hiliaeth yn ei erbyn yn Lloegr, ac yn arbennig ar ymweliad â'r Almaen yn fuan wedi i'r Natsïaid ddod i rym yno. Cafodd hynny effaith arno ac ymgyrchodd yn erbyn hiliaeth am weddill ei oes, gan ysgrifennu amryw o lyfrau ar hanes ac effaith caethwasiaeth yn y Caribî. Ei

Stamp 1986 yn dathlu genedigaeth Eric Williams

gyhoeddiadau enwocaf yw Capitalism and Slavery (1944) a From Columbus to Castro, 1492-1969 (1971).

Dychwelodd i'r Caribî ac yn 1956 sefydlodd blaid wleidyddol newydd, sef Mudiad Cenedlaethol y Bobl, i ymgyrchu dros annibyniaeth. Roedd hyn yn groes i gynlluniau Llywodraeth Prydain ar y pryd, oedd am sefydlu cynghrair o holl ynysoedd trefedigaethol Prydeinig y Caribî a'u gosod yn drwm dan ddylanwad yr ynys fwyaf, Jamaica.

Llwyddodd Mudiad Cenedlaethol y Bobl dan arweiniad Eric Williams i ennill annibyniaeth i Trinidad a Tobago yn 1962 ac i aros yn brif blaid wleidyddol y ddwy ynys am gryn amser i ddod.

Athronydd

Bertrand Arthur William Russell (1872-1970)

Ganed Bertrand Russell, y Trydydd Iarll Russell, yn Neuadd Cleddon, Tryleg (Trelech), Sir Fynwy. Roedd yn aelod o hen deulu uchelwrol a bu ei daid, yr Iarll Russell, yn Brif Weinidog ddwywaith, yn yr 1840au a'r 1860au. Magwyd Bertrand ar aelwyd ryddfrydol iawn a goleddai syniadau Darwin, ac a gefnogai ryddid i Iwerddon, cyfiawnder cymdeithasol a rhyddid moesol a chrefyddol.

Ymgyrchodd yn erbyn rhyfel ac aeth i garchar am ei fod yn heddychwr adeg y Rhyfel Byd Cyntaf. Roedd hefyd yn wrth-imperialydd – dyna pam y cyhoeddwyd stamp i'w goffáu gan yr India.

Roedd yn un o athronwyr mwyaf adnabyddus ei oes ac yn awdur, beirniad cymdeithasol, mathemategydd ac ymgyrchydd brwd yn erbyn arfau niwclear. Ysgrifennodd dros 60 o lyfrau a thros ddwy fil o erthyglau, ynghyd â nifer fawr o lythyrau a phamffledi. Yn 1950 enillodd Wobr Nobel am Lenyddiaeth yn gydnabyddiaeth am ei ysgrifau dyngarol amrywiol dros ryddid barn.

Stamp o'r India, 1972

Roedd yn ddarlledwr radio poblogaidd (*The Brains Trust*) a gofynnid ei farn yn aml gan bapurau newyddion ar faterion y dydd.

Ym Medi 1961, yntau'n 89 mlwydd oed, fe'i carcharwyd am saith niwrnod yng Ngharchar Brixton am ei ran mewn protest wrth-niwclear yn Llundain. Yn fuan wedyn, yn 1962, ceisiodd yr Undeb Sofietaidd sefydlu safle i daflegrau niwclear ar dir Ciwba, gan arwain at yr hyn a elwir yn argyfwng Ciwba. Ysgrifennodd Russell at J.F. Kennedy, Arlywydd yr UD a Nikita Khrushchev, Pennaeth yr Undeb Sofietaidd, i geisio, fel heddychwr, eu darbwyllo i beidio mynd i ryfel, a'u hatgoffa o ddifodiant rhyfel niwclear.

Yn 1955 daeth i fyw, gyda'i wraig Edith, i Blas Penrhyn, Minffordd, Meirionnydd ac yno y bu farw yn 1970. Gwasgarwyd ei lwch ar lethrau mynyddoedd Eryri.

Awduron

Roald Dahl (1916-1990)

Bardd, nofelydd, storïwr. Gwerthwyd dros 250 miliwn copi o'i weithiau creadigol i oedolion a phlant.

Ganed Roald Dahl yn Heol y Tyllgoed, Llandaf, Caerdydd. Norwyiaid oedd ei rieni. Daethai ei dad Harald Dahl i fyw a gweithio yng Nghaerdydd yn yr 1880au a phriodi â Sofie M. Hesselberg yn 1911. Enwyd eu mab yn Roald i'w atgoffa mai brodorion o Norwy oeddynt ac i dalu teyrnged i ddewrder yr anturiwr Norwyaidd Roald Amundsen. Norwyeg siaradai Roald gartref ar yr aelwyd.

Pan fu farw tad Roald ni ddychwelodd ei fam i Norwy a dewisodd aros yng Nghymru. Addysgwyd Roald yn Ysgol y Gadeirlan, Llandaf, ac ysgol breswyl Sant Pedr, Weston-super-Mare, Gwlad yr Haf. Bu iddo hefyd fynychu Ysgol Repton, Swydd Derby, cyfnod cwbl anhapus yn ei hanes.

Wedi ymadael â'r ysgol gwasanaethodd yn y Llu Awyr, a chafodd sawl antur fel peilot adeg yr Ail Ryfel Byd. Yn 1953 priododd yr actores Americanaidd Patricia Neal a chawsant bum plentyn cyn iddynt ysgaru a gwahanu yn ddiweddarach. Yna, yn 1983, priododd am yr eilwaith, â Felicity 'Liccy' Ann d'Abreu Crosland, ac ymgartrefu yn Swydd Buckingham, Lloegr.

Stamp Gibraltar, 2010,

Ymroddodd i sgrifennu'n greadigol, i blant yn bennaf. Cyhoeddodd 34 llyfr, nifer o sgriptiau ffilm a chyfres deledu, *Tales of the Unexpected*, a chyfrannodd i ambell gasgliad ar y cyd ag awduron eraill. Enillodd sawl gwobr am ei waith.

Bu farw Roald Dahl yn 1990 ac fe'i claddwyd efo'i ffyn snwcer, potel o win Bwrgwyn, siocledi, pensiliau a llif drydan, ym mynwent Eglwys y Seintiau Pedr a Paul, Great Missenden, Swydd Buckingham, Lloegr. Yn Ebrill 2002 ym Mae Caerdydd, adeiladwyd sgwâr cyhoeddus hirgrwn a'i enwi'n *Roald Dahl Plass*. Y gair Norwyeg am 'le' neu 'sgwâr' yw *plass*.

John Griffith Chaney
(Jack London) (1876-1916)

Newyddiadurwr, nofelydd, storïwr, ac ymgyrchwr dros hawliau gweithwyr oedd Jack London. Ei fam oedd Flora Wellman, a aned ym Mhensylfania, yn ferch i Marshall Wellman ac Eleanor Garett Jones, oedd yn Gymraes.

Symudodd Flora i fyw i San Francisco a chafodd waith fel athrawes gerdd. Aeth i gyd-fyw hefo William Chaney yr astrolegydd, ond roedd yn berthynas drafferthus a effeithiodd ar ei hiechyd meddwl. Rhoddodd ei mab, John Griffith Chaney, dan ofal Virginia Prentiss, Americanes groenddu a chyn-gaethferch. Hi a fagodd y John ifanc a bu'n ddiolchgar iawn iddi am weddill ei oes.

Yn 1876 priododd Flora â John London, cyn-filwr o'r Rhyfel Cartref a chymerodd ei mab enw ei dad newydd. Roedd y mab yn ddarllenwr brwd ac yn 1897 cafodd ei dderbyn i Brifysgol Berkeley, ond dim ond am flwyddyn am na allai fforddio i orffen ei gyrsiau.

Aeth i chwilio am aur yn y Klondike, yn bysgotwr môr, yn llafurwr ac yn dramp, gan brofi caledi enbyd. Trodd at ysgrifennu i ddianc o'i galedi.

Yn 1904 teithiodd ar ran y *San Francisco Examiner* fel gohebydd tramor i adrodd ar y rhyfel rhwng Rwsia a Japan. Ond cafodd ei arestio yn Japan fel ysbïwr a bu raid i'r Arlywydd Theodore Roosevelt ymyrryd yn bersonol i'w ryddhau.

Stamp UD, 1998

Priododd â Charmian Kittredge yn 1905, a theithiodd y ddau i Awstralia a Hawaii. Roedd yn awdur toreithiog, a chyhoeddodd bron i hanner cant o nofelau a nifer fawr o straeon byrion i gylchgronau. Ei nofelau enwocaf yw *Call of the Wild* (1903) a *White Fang* (1906). Ef oedd un o'r nofelwyr cyntaf i ennill bri rhyngwladol a chyfoeth sylweddol o'i waith ysgrifennu.

Bu farw yn 1916 yng Nglen Ellen, ei ransh yng Nghaliffornia, sydd bellach yn Barc Hanesyddol i'w goffáu.

Harriet Elisabeth Beecher Stowe (1811-1896)

Ganed Harriet Beecher Stowe yn Litchfield, Connecticut, y seithfed o dri ar ddeg plentyn i'r gweinidog Calfinaidd Lyman Beecher a'i wraig Roxana. Roedd ei hen fam-gu, Mary Roberts, wedi ymfudo o Landdewibrefi i America yn 1736.

Priododd Harriet â Calvin Ellis Stowe yn 1836 ac ymgartrefodd y ddau yn Brunswick, Maine. Roeddent yn ymgyrchwyr brwd dros ddileu caethwasiaeth a bu iddynt guddio a chynorthwyo nifer o gaethweision oedd wedi dianc oddi wrth eu meistri dros y blynyddoedd.

Yn 1850, fodd bynnag, deddfodd y Gyngres ei bod yn anghyfreithlon cynorthwyo ffoaduriaid croenddu. Cythruddodd hynny lawer o ymgyrchwyr gwrth-gaethwasiaeth ac, o ganlyniad, yn 1852, cyhoeddodd Harriet Beecher Stowe ei nofel ddylanwadol *Uncle Tom's Cabin*, a fu'n allweddol i newid agweddau pobl tuag at gaethwasiaeth, gan arwain yn y diwedd at Ryfel Cartref America.

Yn ystod yr wythnos gyntaf wedi cyhoeddi *Uncle Tom's Cabin*, gwerthwyd 10,000 copi, ac o fewn blwyddyn roedd 300,000 copi wedi'u gwerthu. Roedd yn llwyddiant enfawr. Erbyn 1854 roedd *Uncle Tom's Cabin* wedi ei gyfieithu i 60 o wahanol ieithoedd, gan gynnwys y Gymraeg: *Caban F'ewyrth Twm*, Hugh Williams (1853). Bu sawl cyfieithiad/addasiad Cymraeg arall, ac ailargraffwyd sawl un ohonynt yn ystod ail hanner y 19eg ganrif.

Stamp UD, 2007

Teithiodd yr awdures i Washington D.C., lle cyfarchwyd hi fel hyn gan yr Arlywydd Abraham Lincoln: *'Felly chi yw'r ddynes fechan ysgrifennodd y llyfr a ddechreuodd y rhyfel mawr 'ma.'*

Daeth yr awdures yn arwres yng Nghymru a chyhoeddwyd llawer o erthyglau amdani ynf nghylchgronau Cymraeg Oes Fictoria.

Baneri

Draig Goch Cymru

Ddiwedd Mehefin 2008, danfonwyd neges gryno o Gymru gan un o awduron y gyfrol hon i longyfarch Rheolwr y Biwro Stampiau Post, Douglas, Ynys Manaw am iddynt gyhoeddi cyfres o stampiau post, wedi'u dylunio gan Peter Jones, yn dangos baneri lliwgar wyth gwlad Geltaidd: Kernow, Mannin, Alba, Breizh, Éire, Asturies, Cymru, a Galicia.

Dathlu'r cysylltiadau Celtaidd, 2008

Stamp o 1978

Cafwyd mai Mrs Maxine Cannon o adran gwerthiant a marchnata y Biwro Stampiau fu'n gyfrifol am ddwyn sylw at faneri, ac ieithoedd, y gwahanol wledydd Celtaidd. Hynny wedi iddi ymweld â Kemper, Llydaw yn 2007 a gweld y baneri'n chwifio yno. Roedd yn awyddus i ddathlu a chryfhau'r cysylltiadau Celtaidd a chodi ymwybyddiaeth o hynny ar gyfer cyfarfod o'r Gyngres Geltaidd sy'n digwydd yn flynyddol yn un o'r gwledydd hyn. Daeth yn dro i Ynys Manaw gynnal y Gyngres yn 2010.

Ynys arall a roddodd le i Ddraig Goch Cymru ar ei stampiau yw Ynys Jersey, sydd â chysylltiad yn seiliedig ar ei Heisteddfod flynyddol (gweler stampiau dathlu Eisteddfod Jersey yn y gyfrol hon).

Gwelir delwedd y ddraig Gymreig yn ogystal ar un o stampiau Ynysoedd y Malvinas (*Falklands*) yn 1978. Mae'r cerflun a ddangosir ar y stamp i'w weld yn un o adeiladau cyhoeddus yr Ynysoedd, ac mae'n deyrnged i gyswllt hanesyddol â Chymru. Ymsefydlodd amryw o Gymry, ynghyd â llawer o Albanwyr a gauchos o'r Ariannin a gwledydd eraill de America, yno yn y 19eg ganrif i ffermio defaid. Cyswllt Cymreig arall oedd y llongau hela morfilod o Gaergybi a ddeuai yma ac i ynysoedd De Georgia ar un adeg.

Evan Evans –
cynllunydd baner Awstralia

Ganed Evan Evans (1853-1927) yn Llanrhystud, Ceredigion ac ymfudodd i Awstralia yn ŵr ifanc. Wedi i'w long gael ei dryllio oddi ar arfordir Victoria penderfynodd ymgartrefu yno, a phan oedd yn 24 oed dechreuodd fusnes yn cynhyrchu a gwerthu pebyll wedi eu gwneud o ganfas. Datblygodd yn fusnes llewyrchus a daeth yn un o wŷr busnes amlycaf Melbourne ac yn un o hoelion wyth Cymry Awstralia. Priododd â Sally Clara (née Russell), merch o Tasmania, a chawsant dri o feibion.

Ar Ionawr 1af, 1901, unodd chwe thalaith annibynnol Awstralia i greu gwladwriaeth newydd a elwid yn Gymanwlad Awstralia. Penderfynodd y llywodraeth ffederal newydd fod angen baner i gynrychioli'r wlad newydd a chynigiwyd gwobr o £200, oedd yn gryn swm yn y dyddiau hynny, yn wobr mewn cystadleuaeth am y cynllun gorau.

Aeth Evan Evans, ar y cyd â'i fab 13 oed, Ifor William Evans, ati i feddwl am gynllun a buont yn fuddugol. Credai Ifor bod lle i Jac yr Undeb am mai hon oedd y faner Ewropeaidd gyntaf i'w chodi ar Gyfandir Awstralia. Dewiswyd croes y de, y cytser amlycaf yn awyr y nos yn y parthau deheuol, i gynrychioli'r pedwar

Stamp i ddathlu 'Dydd Awstralia' blynyddol y mewnfudwyr gwyn, 1991

rhinwedd moesol: cyfiawnder, pwyll, cymedroldeb a nerth – egwyddorion y dylai pobl Awstralia lynu atynt. Roedd seren y Gymanwlad yn symbol pwysig arall – ei chwe phwynt yn cynrychioli'r chwe thalaith. Codwyd y faner newydd am y tro cyntaf ym mis Medi 1901.

Yn 1908 ychwanegwyd seithfed pwynt i'r sêr ar y faner i gynrychioli tiriogaeth y brifddinas newydd, Canberra, ynghyd â thiriogaethau eraill megis yn yr Antarctig ac Ynysoedd Cook. Aeth Ifor yn ei flaen i sefydlu cwmni ddaeth yn brif gynhyrchydd baneri yn Awstralia rhwng 1922 a 1956.

Cantorion

Adelina Patti (1843-1919)

Adnabyddir Adelina Patti fel cantores enwocaf y 19eg ganrif – y gantores orau fu byw erioed yn ôl y cyfansoddwr Giuseppe Verdi yn 1877. Fe'i ganed ym Madrid, yn blentyn i rieni Eidalaidd: y tenor Salvatore Patti a'r soprano Caterina Barilli. Ond roedd ei phasbort yn un Ffrengig am i'w dau ŵr cyntaf fod yn Ffrancwyr.

Stamp Monaco, 2015

Pan oedd Adelina yn ifanc symudodd y teulu i Efrog Newydd. Yno, yn 1859 y cafodd ei rhan operatig gyntaf a chafodd wahoddiad i fynd i Montreal y flwyddyn wedyn. Yn 1861, a hithau'n 18 oed, fe'i gwahoddwyd i Covent Garden, Llundain ac ar sail ei llwyddiant ysgubol yno aeth ymlaen i goncro tai opera Ewrop, Rwsia a de America.

Yn 1878 prynodd dir a chastell Craig y Nos am £3,500 gyda'r bwriad o'i ddatblygu yn ôl ei gweledigaeth ei hun. Treuliodd weddill ei bywyd yma heb adael ond i ganu ym mhrif dai opera Ewrop a theithio'r UD Bu'n gyfrifol am gynllun adeiladu enfawr yn y castell gan ychwanegu estyniadau'r de a'r gogledd; y tŵr cloc, ystafell wydr, gerddi a theatr fechan oedd wedi ei seilio ar batrwm La Scala, Milan. Craig y Nos oedd y tŷ cyntaf yng Nghymru i gael ei weirio ar gyfer trydan, a hynny yn fuan iawn ar ôl i Thomas Edison ddyfeisio ei olau trydan.

Noddwyd gorsaf reilffordd Craig-y-nos/Penwyllt gan Adelina Patti a chodwyd ystafell aros foethus yno. Roedd ganddi ei cherbyd rheilffordd personol a fyddai'n ei chludo i unrhyw ran o Brydain a ddymunai. Ganddi hi hefyd roedd un o'r ceir cyntaf yng Nghymru.

Wedi ei pherfformiad cyhoeddus olaf yn 1914 treuliodd weddill ei hoes yma, gyda'i thrydydd gŵr a'i staff ffyddlon. Bu farw yng Nghraig y Nos yn 1919.

Paul Robeson (1898-1976)

Datblygodd y canwr, ymgyrchwr a sosialydd croenddu Americanaidd hwn berthynas glòs â glowyr de Cymru. Ganed Robeson yn New Jersey yn 1898, yn fab i gyn gaethwas, sef y gweinidog Presbyteraidd William D Robeson a'i wraig Maria Bustill. Rhagorai ym myd chwaraeon a graddiodd yn y gyfraith ddechrau'r 1920au. Ond oherwydd rhagfarn hiliol ni chafodd waith fel cyfreithiwr a throdd, dan anogaeth ei wraig, Essie Goode, a briododd yn 1921, at yrfa fel canwr.

Bu i'w lais bariton cyfoethog a'i bresenoldeb llwyfan trawiadol ei wneud yn boblogaidd iawn yn sioeau cerdd Broadway a phan lwyfannwyd Show Boat yn Llundain yn 1928, daeth ei fersiwn o 'Ol' Man River' yn *hit* ryngwladol.

Daeth i gysylltiad â glowyr de Cymru yn 1929 pan glywodd griw o lowyr oedd wedi cerdded o'r Rhondda i Lundain i brotestio am golli eu gwaith yn canu yn y stryd. Ymunodd â nhw a chanodd 'Ol' Man River' i'w cefnogi. Dyma gychwyn perthynas glòs â'r glowyr, a daeth i berfformio i Gaerdydd, Cwm Nedd ac Aberdâr yn 1930. Pan glywodd am golli 266 o ddynion yng nglofa Gresffordd, cyfrannodd ffioedd ei gyngerdd yng Nghaernarfon at gronfa plant y rhai a laddwyd.

Gwnaeth ei berthynas â glowyr Cymru ef yn ymgyrchydd dros hawliau gweithwyr ar draws y byd. Neges y ffilm *Proud Valley* (1940), a ffilmiwyd yn y Rhondda, oedd nad oes gwahaniaeth rhwng gweithwyr cyffredin – 'rydym i gyd yn ddu dan ddaear'.

Stamp 1986, Gweriniaeth Mali

Yn y 1950au dioddefodd erledigaeth ddidostur gan yr FBI am 'weithredoedd gwrth-Americanaidd'. Fe'i gwaharddwyd rhag mynychu Eisteddfod y Glowyr ym Mhorthcawl yn 1957 ond darlledwyd ei lais yn fyw o stiwdio yn Efrog Newydd. Canodd 'Hen Wlad fy Nhadau' ar y cyd â chôr meibion y Rhondda.

Dirywiodd ei iechyd yn y 1960au a bu farw yn 1976.

'Hank' Williams (1923-1953)
Canwr Gwlad

Nid oes sicrwydd am wreiddiau'r teulu ond roeddent o darddiad Cymreig, Seisnig ac Almaenig. Ganed Hiram 'Hank' Williams yn Butler County, Alabama, yn fachgen gwantan a ddioddefai o nam ar ei asgwrn cefn, cyflwr poenus iddo am weddill ei oes.

Cafodd ei dad, Elonzo Williams, ddamwain pan oedd Hank yn saith oed a threuliodd flynyddoedd mewn clafdy. Ei fam, Lillie, fu'n bennaf gyfrifol am ei fagu. Yn ystod Dirwasgiad y 1930au symudodd y teulu o le i le yn Alabama i chwilio am waith, cyn setlo yn Georgiana. Yno y cafodd ei gitâr gyntaf gan ddysgu sut i'w chwarae gan Rufus Payne, chwaraewr 'blues' congl stryd.

Symud wedyn i Montgomery, lle canai Hank ar y stryd ar ôl ysgol ger stiwdio radio WSFA. Yn fuan gofynnodd y stiwdio iddo gynnal sesiynau radio am $15 yr wythnos. Dyma ddigon iddo ddechrau ei fand ei hun, y Drifting Cowboys, a gadawodd yr ysgol i deithio efo'r band i glybiau a dawnsfeydd drwy'r ardal.

Pan ddrafftiwyd y band i'r Rhyfel, wynebodd Hank amser caled, gan droi at alcohol i leddfu ei boenau meddyliol a

Stamp UD, 1993

chorfforol. Dychwelodd i ddarlledu ar WSFA, gan gyfansoddi caneuon newydd bob wythnos. Daeth yn hynod boblogaidd ac ymunodd ag MGM Records yn 1947 a chael ei *hit* fawr gyntaf, 'Move it on Over', enghraifft gynnar o'r roc a rôl fyddai cyn bo hir yn rhoi'r byd cerddorol ar dân.

Cyrhaeddodd ei binacl yn 1951 pan oedd galw mawr am ei berfformiadau. Ond cafodd ddamwain a waethygodd ei boenau cefn. Trodd unwaith eto at alcohol a chyffuriau lladd poen a arweiniodd at ei farwolaeth yn 1953.

Dylanwadodd ei arddull roc a chanu gwlad yn enfawr ar grwpiau a chantorion eraill, yn fwyaf nodedig Elvis, Bob Dylan, y Rolling Stones a sawl perfformiwr Cymraeg.

Elvis Presley (1935-1977)
Brenin roc a rôl

Mae ei enw y dweud y cyfan: Elvis ar ôl Sant Elvis, ffurf Ladin o'r enw Cymraeg Eilfyw, cefnder i Dewi Sant ddaeth i Gymru o Munster yn fachgen ifanc ac a fedyddiodd Dewi Sant ym Mhorth Clais yn 454 OC. Cysegrwyd eglwys Llaneilfyw iddo yn Solfach. Dychwelodd i Iwerddon a chwarae rhan bwysig yno fel cenhadwr Cristnogol cynnar.

Daw'r enw Presley o fynyddoedd y Preselau ac mae'n fwy na chyd-ddigwyddiad bod enw canol efaill Elvis, Jesse Garon Presley, a fu farw ar ei enedigaeth, yn deillio o Caron. Roedd ei nain, Octavia (Doll) Mansell yn un o deulu Manseliaid Penrhyn Gŵyr a ymfudodd i'r UD ddiwedd y 18fed ganrif. Roedd gan Elvis rywfaint o waed Albanaidd a Cherokee yn ogystal.

Fe'i ganed yn Tupelo, Mississippi, dan amodau tlawd lle daeth yn gyfarwydd â cherddoriaeth y cymunedau gwynion a duon. Symudodd y teulu i Memphis, Tennessee pan oedd Elvis yn 13 oed ac yn 1954 cychwynnodd ei daith i enwogrwydd gyda Sun Records, oedd eisiau dod â cherddoriaeth Affro-Americanaidd i gynulleidfa ehangach. Roedd Elvis yn gyfarwydd iawn â cherddoriaeth o'r fath

Stamp UD, 1993

ac, fel bachgen gwyn, bu ei arddull egnïol a phryfoclyd-rywiol yn fodd i bontio rhwng du a gwyn. Arweiniodd ei gyfuniad o ganu gwlad, R&B a gospel at enedigaeth roc a rôl.

Yn 1955 ymunodd â chwmni RCA Victor a dod yn eicon byd eang fel 'Brenin Roc a Rôl', neu jyst 'Y Brenin'. Wedi cyfnod gorfodol yn y fyddin (1958-1960) ymddangosodd mewn ffilmiau ac ennill llu o wobrau cerddorol. Mae'n dal y record am y nifer fwyaf o recordiau aur a phlatinwm a'r mwyaf yn y siartiau gan unrhyw artist unigol. Gwaetha'r modd, wedi blynyddoedd o gamddefnyddio cyffuriau meddygol, bu farw yn ei gartref, Graceland, yn 1977 yn 42 oed.

Kylie Minogue (1968-)

Ymfudodd mam Kylie, Carol Ann Jones, gyda'i rhieni, Millie a Denis Jones, o Faesteg i Townsville, Queensland yn Awstralia yn 1955. Cyn Maesteg bu'r teulu'n byw yn Nhanygrisiau, Ffestiniog, ond ar adeg o ddirwasgiad yn y chwareli llechi bu raid iddynt symud i gymoedd y de i chwilio am waith.

Yn Townsville priododd Carol â Ron Minogue, oedd o dras Gwyddelig, a symudodd y ddau i Melbourne. Yno y ganed eu tri phlentyn: y gantores, Kylie Ann yn 1968, ei brawd Brendan yn 1970 a'i chwaer Danielle, (Dannii) yn 1971.

Mae'n amlwg bod perfformio yng ngwaed Kylie o gyfnod cynnar. Yn 11 oed cafodd rannau mewn dramâu sebon; *The Sullivans, Skyways* ac, yn 1985, un o'r prif rannau yn *The Henderson Kids*. Ond daeth yn fwyaf enwog am ei rhan yn Neighbours, cyfres ddaeth yn hynod boblogaidd ym Mhrydain. Yn y ddrama honno chwaraeai ran y tomboi o fecanic Charlene Robinson. Yn 1987, gwyliwyd un bennod, lle roedd Charlene yn priodi, gan 20 miliwn o bobl ym Mhrydain, gan ei gwneud yn un o'r penodau sebon mwyaf poblogaidd erioed.

Daeth i sylw fel cantores wedi iddi yrru tâp 'demo' i gyfres gerddorol *Young Talent Time*, ac ymddangosodd am y tro cyntaf ar y sioe yn 1985. Roedd ei chwaer Dannii, ddaeth hefyd yn gantores enwog, eisoes yn aelod rheolaidd o'r sioe. Yn dilyn hynny penderfynodd droi at ganu pop. Cafodd lwyddiant mawr gan ennill enwogrwydd byd-eang – y seren bop enwocaf a gynhyrchodd Awstralia erioed. Arbenigai mewn cyngherddau cân a dawns lliwgar a rhywiol ac erbyn 2015 roedd wedi gwerthu 80 miliwn o recordiau.

Mewn cyfweliad ar raglen deledu Jonathan Ross, dywedodd Kylie: 'Cefais fy ngeni ym Melbourne, ond mae fy ngwreiddiau yng Nghymru.'

Stamp o'r gyfres 'Chwedlau Cerddorol Awstralia', 2013

Cenedlaetholwyr y gwledydd

Michael Davitt (1846-1906)

Un o arwyr yr Iwerddon rydd, a ysbrydolodd Mahatma Gandhi yn ei ymgyrch dros annibyniaeth i'r India.

Ganed Michael Davitt yn Straide, Swydd Mayo yn anterth y Newyn Mawr, yn un o bump o blant i Martin a Catherine Davitt oedd yn ffermwyr tlawd. Yn 1850, ac yntau'n 4½ oed, trowyd y teulu o'u fferm am fethu talu'r rhent. Aethant i Swydd Gaerhirfryn, lle bu Michael yn gweithio mewn ffatrïoedd, a lle collodd ei fraich mewn peiriant nyddu yn 11 oed.

Dros y blynyddoedd dilynol sylweddolodd sut roedd gweithwyr cyffredin yn cael eu hecsbloetio ac Iwerddon yn cael ei gormesu. Ymunodd â'r IRB (Irish Republican Brotherhood) yn 1865 a threfnodd smyglo arfau i Iwerddon ar gyfer gwrthryfel y Ffeniaid. Ond cafodd ei ddal a'i garcharu am 7 mlynedd cyn dychwelyd i Iwerddon a dechrau ymgyrchu dros hawliau tir y bobl gyffredin.

Pan sefydlwyd y Land League yn 1879, penodwyd Michael Davitt yn Ysgrifennydd. Dyma fudiad allweddol yn Rhyfel y Tir yn yr 1880au, wnaeth dorri grym y landlordiaid, lawer ohonynt yn absennol ac yn byw yn Lloegr. Trefnwyd protestiadau yn erbyn troi teuluoedd o'u tir a thros gyfiawnder i'r bobl

Michael Davitt 1846-1906

Stamp Iwerddon, 2006

gyffredin. Roedd Davitt yn feistr ar gyfuno gweithredu uniongyrchol ag ymgyrchu gwleidyddol. Estraddodwyd un asiant tir ym Mayo, Capten Charles Boycott, i'r fath raddau nes iddo adael Iwerddon. Mabwysiadwyd y gair 'boicot' i sawl iaith wedi hynny.

Ar wahoddiad Lloyd George a T.E. Ellis daeth Davitt i Gymru yn 1886 i siarad dros hawliau tenantiaid. Cafodd dyrfa enfawr a chefnogaeth frwd ym Mlaenau Ffestiniog ar gyfnod pan oedd Pwnc y Tir yn fater gwleidyddol poeth. Sefydlwyd Comisiwn Brenhinol yn 1893 i ymchwilio i'r mater ond bu raid aros am flynyddoedd lawer cyn y cafwyd peth cyfiawnder i denantiaid yng Nghymru.

Arthur Joseph Griffith (1871-1922)

Cychwynna'r hanes efo William Griffith (1719-1782) ac Alice Griffith (née Prys) (1730-1808), Drws y Coed Uchaf, Rhyd Ddu, Beddgelert. Roeddent yn rieni i ddeg o blant ac yn gefnogwyr i'r Morafiaid, Urdd grefyddol a ddioddefai erledigaeth.

Daeth David Mathias o Hwlffordd atynt yn yr 1760au i sefydlu cymuned Forafaidd a chodwyd Tŷ Drws y Coed iddynt ar lan Llyn y Dywarchen, ar safle sydd heddiw yn faes parcio i bysgotwyr. Rhwng 1754 a 1773 gadawodd pump o'r merched i weithio dros y Morafiaid yn Nulyn, ac aeth un i Fryste yn ddiweddarach.

Symudodd y mab, Griffith Griffith (1789-?) i ffermio i Amnodd Bwll, Llanuwchllyn, cyn ymfudo i'r UD ac oddi yno i Swydd Cavan yn Iwerddon. Symudodd ei fab i Ddulyn i redeg argraffdy a daeth ei fab yntau, Arthur Charles Griffith, yn ddyn papur newydd.

Ond disgynnodd Arthur Charles ar amser caled a gorfod symud i ardal dlodaidd iawn o'r ddinas. Yno, yn slymiau Upper Dominick Street, y magwyd ei fab Arthur J. Griffith mewn tlodi. Nid anghofiodd y fagwraeth honno a thyfodd yn ymgyrchydd radical dros y difreintiedig a thros ryddid ei wlad. Daeth yn wleidydd, awdur a bardd ac yn un o sefydlwyr plaid Sinn Féin yn 1905. Fe'i carcharwyd yn Lloegr am ei gefnogaeth i wrthryfel 1916 ac ef oedd cadeirydd y

Stamp Iwerddon, 1990 yng nghyfres arwyr y frwydr dros annibyniaeth

ddirprwyaeth Wyddelig yn y trafodaethau yn Llundain efo Lloyd George a arweiniodd at gytundeb Eingl-Wyddelig 1921 fu'n gyfrifol, gwaetha'r modd, am hollti Iwerddon rhwng de a gogledd.

Ar ei ffordd adref o Lundain galwodd Arthur Griffith a Michael Collins yn Nrws y Coed i weld bro gwreiddiau ei deulu. Yn Ionawr 1922 penodwyd Arthur Griffith yn Arlywydd cyntaf Llywodraeth Iwerddon Rydd, y Dáil Éireann, ond bu farw'n ddisymwth yn ddiweddarach y flwyddyn honno.

Frongoch

Chwaraeodd Frongoch ger y Bala ran bwysig yn y frwydr i sefydlu Iwerddon rydd. Yma y sefydlodd R.J. Lloyd Price, Stad y Rhiwlas, ei ddistyllfa wisgi, ar safle a drowyd wedyn yn garchar ar gyfer carcharorion rhyfel o'r Almaen yn gyntaf, cyn cael ei ddefnyddio fel carchar ar gyfer Gwrthryfelwyr y Pasg yn Iwerddon yn 1916.

Yma y carcharwyd oddeutu 1,800 o wrthryfelwyr Gwyddelig a ystyrid yn garcharorion rhyfel, statws yr oedd y gwrthryfelwyr yn falch ohono. Yn eu mysg yr oedd Michael Collins, ddaeth yn brif arweinydd a Chadfridog yn yr ymgyrch filwrol dros annibyniaeth i Iwerddon dros y blynyddoedd i ddilyn.

Dywed Lyn Ebenezer yn ei gyfrol *Y Pair Dadeni: Hanes Gwersyll Frongoch* (2005) mai 'Prifysgol Sinn Féin' neu 'brifysgol y chwyldro' (*ollscoil na réabhlóide*) oedd carchar Frongoch. Daeth y camp yn feithrinfa i syniadau chwyldroadol a thactegau guerrilla dan arweiniad Michael Collins. Dywedir i'r hyfforddiant dderbyniwyd yma drawsnewid y llu carcharorion gweddol ddibrofiad oedd hyd yn hyn wedi gweithredu heb arweiniad canolog, yn fyddin guerrilla genedlaethol effeithiol a fu'n gyfrifol am drechu milwyr proffesiynol Prydain gan ennill annibyniaeth i'r rhan fwyaf o Iwerddon erbyn 1921.

Caewyd y camp yn Rhagfyr 1916 pan ddaeth Lloyd George yn Brif Weinidog yn lle H. Asquith, a gollyngwyd y carcharorion yn rhydd. Ond erbyn hynny roedd Prifysgol y Chwyldro wedi gwneud ei gwaith, a than arweiniad Michael Collins, Cadfridog Byddin Weriniaethol yr Iwerddon (yr I.R.A.) dwysaodd y frwydr hyd nes ennill ei rhyddid i Weriniaeth Iwerddon.

Erbyn heddiw saif Ysgol Bro Tryweryn ar safle'r hen gamp a cheir plac yno i nodi, mewn Cymraeg, Saesneg a Gwyddeleg, ei bwysigrwydd yn hanes Iwerddon.

Y Cadfridog Michael Collins, stamp 1990

Janos Arany, Hwngari (1817-1882)

Newyddiadurwr, sgwennwr, bardd a chyfieithydd oedd Arany, wnaeth lawer i ysbrydoli pobl Hwngari yn eu brwydr dros annibyniaeth oddi ar Awstria. Un o'i faledi enwocaf yw 'A Walesi Bárdok' a gyfansoddwyd ganddo ar ymweliad yr Ymerawdwr Franz Joseph 1af o Awstria â Hwngari yn 1857, bron i ddeng mlynedd wedi i luoedd Awstria drechu Chwyldro Rhyddid yr Hwngariaid yn 1848.

Pan ofynnwyd i Arany gyfansoddi cerdd i glodfori'r Ymerawdwr, dewisodd yn hytrach greu baled am sut y bu i Edward 1af o Loegr drin y beirdd Cymreig yn dilyn ei goncwest, pan aeth ati i ormesu pobl a diwylliant Cymru. Roedd gwaharddiad gan yr Awstriaid ar y pryd ar unrhyw gyhoeddiadau cenedlaetholgar Hwngaraidd ond roedd y neges yn glir o'r gymhariaeth rhwng Hwngari a Chymru yn 'A Walesi Bárdok'.

Cafodd Arany y stori wreiddiol o waith Syr John Wynn o Wydir, *A History of the Gwydir Family* (1580) sy'n disgrifio sut y bu i Edward 1af alw beirdd Cymru ato i Faesyfed a'u cyfarwyddo i ganu ei glodydd ef o hyn ymlaen yn hytrach na'r Tywysogion a'r Uchelwyr Cymreig fel cynt. Pan wrthododd y beirdd fe'u cymerwyd allan a'u dienyddio yn y fan a'r lle. Roedd yn well ganddynt farw (yn cynnwys beirdd teuluol cyndeidiau'r Wynniaid) na phlygu i'r brenin estron.

Stamp Hwngari, 1982

Daeth y faled yn anthem bwysig i'r Hwngariaid ac yn ysbrydoliaeth iddynt yn eu brwydr hir am annibyniaeth. Caiff ei dysgu hyd heddiw gan blant yn yr ysgolion cynradd oherwydd ei phwysigrwydd yn hanes a llenyddiaeth Hwngari.

Yn 2012 ysgrifennodd y cyfansoddwr Karl Jenkins gerddoriaeth newydd i gydfynd â'r faled ac fe'i cyfieithwyd i'r Gymraeg gan Twm Morys. Bu perfformiadau o'r gerddoriaeth a'r fersiynau Hwngaraidd a Chymraeg o'r faled yn Budapest ac yn Nhŷ Newydd, Llanystumdwy i ddathlu'r achlysur.

Guiseppe Garibaldi,
(1807-1882)

Ystyrir Guiseppe Maria Garibaldi yn un o gadfridogion amlycaf y 19eg ganrif Roedd yn wladgarwr gweriniaethol ac yn un o sylfaenwyr yr Eidal fodern. Daeth yn arwr rhyngwladol

Stampiau 2007 i gofio cyfraniad Garibaldi i hanes Brasil

oherwydd ei ymgyrchoedd yn erbyn gorthrwm ac roedd yn fawr ei barch ymysg deallusion rhyddfrydol ar draws y byd. Galwyd bisged boblogaidd ar ei ôl.

Daeth dan ddylanwad y cenedlaetholwr Guiseppe Mazzini a'i syniadau dros undod yr Eidal fel gweriniaeth ryddfrydol. Bu raid i Garibaldi ffoi i dde America yn 1834 lle cymerodd ran amlwg mewn gwrthryfeloedd yn Brasil ac Urugwai. Dychwelodd i'r Eidal yn 1848 i arwain ymgyrch filwrol hir yn erbyn Awstria a Ffrainc cyn llwyddo i uno'r Eidal yn 1861. Ymgartrefodd Garibaldi ar Ynys Caprera ger Sisili.

Ceir hanes sut yr achubwyd bywyd Garibaldi gan Capten Lewis o Borthmadog ar ei long *Confidence* yn *Y Cymro*, Rhagfyr 30ain, 1897. Yn ôl yr adroddiad, pan oedd Garibaldi ar ffo rhag ei elynion, cyrhaeddodd ar redeg y cei lle oedd y

Confidence wedi dadlwytho'i chargo ac yn paratoi i hwylio ac erfyniodd am gymorth i ddianc. Roedd y Capten yn gwybod yn iawn pwy oedd o – roedd Garibaldi yn adnabyddus ac yn arwr yng Nghymru – a chafodd fyrddio a chuddio ar y llong. Ond wrth hwylio ymaith daeth gwib-long y gelyn ar ôl y *Confidence* a'i byrddio. Ond er chwilio ni ddaethpwyd o hyd i'r ffoadur yn llechu mewn cuddfan smyglo.

Roedd Garibaldi yn gyfarwydd â radicaliaeth ryddfrydol Cymru ac yn hynod ddiolchgar i'r Capten. Rhoddodd ei grafat iddo'n anrheg, dilledyn fu yn nwylo teulu'r Capten am genedlaethau. Wedi ymddeol o'r môr, ymgartrefodd Capten Lewis gyda'i chwaer yn y Bermo a galwodd y tŷ yn Caprera, sy'n dal yno heddiw yn cofio am ynys a noddfa Garibaldi.

Chwaraeon a Gemau

Capten William Davies Evans (1790-1872)
Yr Evans Gambit

Bu gwyddbwyll yn gêm adnabyddus yng Nghymru ers y Canol Oesoedd. Ceir cyfeiriad ati yn chwedl Breuddwyd Rhonabwy yn y Mabinogion lle daw'r gêm rhwng y Brenin Arthur ac Owain ap Urien yn fyw ym mreuddwyd Rhonabwy, gyda brain Owain yn ymosod ar farchogion Arthur.

Un o chwaraewyr gwyddbwyll enwocaf Cymru yn yr 20fed ganrif oedd y Prifardd T. Llew Jones a lwyddodd, yn 1970, i ennill annibyniaeth i Undeb Gwyddbwyll Cymru o'r Gynghrair Brydeinig. Cafodd yr Undeb newydd ei dderbyn yn aelod o Gynghrair Gwyddbwyll y Byd a bu T. Llew'n arwain timau gwyddbwyll Cymreig i sawl Olympiad rhyngwladol.

Un arall wnaeth ei farc yn y maes oedd y Capten William Davies Evans o blwyf Sant Dogwel ger Hwlffordd, Sir Benfro. Aeth i'r llynges yn 14 oed yn 1804 a phan gafodd ei ryddhau yn 1815 ar ddiwedd y rhyfel â Ffrainc ymunodd â'r llong bost yr Auckland, oedd yn rhedeg rhwng Aberdaugleddau a Waterford yn Iwerddon. Daeth yn Gapten arni yn 1819. Tra'n hwylio, chwaraeodd gryn dipyn o wyddbwyll gyda'r Lifftenant Harry Wilson, oedd yn chwaraewr o fri.

Tua 1824 dyfeisiodd Evans symudiadau agoriadol a ddaeth yn enwog i chwaraewyr ar draws y byd fel yr 'Evans Gambit'. Yn 1826 creodd gyffro rhyfeddol ym myd gwyddbwyll pan ddefnyddiodd yr agoriad hwn mewn gêm enwog yn Llundain pan drechodd Alexander McDonnell, y chwaraewr cryfaf a gynhyrchodd Iwerddon erioed.

Ond daeth Evans yn enwog nid yn unig am ei gambit – roedd yn ddyfeisydd yn ogystal. Ei ddyfais enwocaf oedd y gyfundrefn o oleuadau tri lliw i atal gwrthdrawiadau rhwng llongau yn y nos. Am y ddyfais hon cafodd £1,500 gan lywodraeth Prydain, ynghyd â chronomedr aur a £200 gan Tsar Rwsia.

Vinnie Jones (1965-)

Peldroediwr, actiwr, canwr ac yn bennaf cymeriad. Rhoddwyd lle anrhydeddus i Vinnie Jones ar un o stampiau lleol Ynysoedd Sili i ddathlu buddugoliaeth ei dîm Wimbledon dros Lerpwl yn 1988 yn ffeinal Cwpan yr F.A.

Ganed Vincent Peter Jones yn Watford, Swydd Hertford yn 1965 yn fab i Peter Jones a Glenda (née Harris). Deuai ei daid o Ruthun, felly roedd Vinnie yn gymwys i chwarae dros Gymru, a bu'n rhan o'r tîm cenedlaethol 9 gwaith rhwng 1994 a 1999 ac yn gapten fwy nag unwaith.

Yn ystod ei yrfa bêl-droed rhwng 1984 a 1999 chwaraeodd 456 o weithiau a sgorio 13 gôl. Ei safle oedd amddiffynnwr canol cae, yn bennaf i dimau Wimbledon, Leeds Utd., Sheffield Utd., Chelsea a QPR. Chwaraeodd i Wimbledon dros 200 o weithiau ac roedd yn nodedig am ei ddull ymosodol roddodd iddo'r ddelwedd o ddyn caled iawn ar y cae, bron cystal â'r anfarwol Orig Williams i Nantlle Vale yn y 1960au. Cafodd ei yrru o'r cae 12 gwaith, ei wahardd am gyfnodau a'i ddirwyo gan yr F.A. am ddod ag anfri ar y gêm. Un o'i ddywediadau, yn anterth cyfnod hwliganiaeth pêl-droed, oedd 'Mi ddois i â

Stamp at ddefnydd lleol yn Ynysoedd Sili, 1996

thrais o'r terasau i'r maes chwarae!'

Mae'n dal y record am y cerdyn melyn cyflymaf – o fewn 3 eiliad i gychwyn gêm yn 1992 – ac ymosododd ar Paul Gascoigne mewn gêm yn 1987 gan wasgu ei geilliau.

Yn 1998 dechreuodd ar yrfa mewn ffilmiau. Gallai roi wyneb caled a bygythiol oedd yn addas iawn i actio dihiryn didostur a chafodd rannau mewn 30 o ffilmiau a sawl cyfres ddrama deledu, yn cynnwys cynyrchiadau Hollywood gyda rhai o sêr mwyaf y sgrin fawr. Ei ffilmiau mwyaf adnabyddus yw: *Lock, Stock and Two Smoking Barrels* (1998), *Mean Machine* (2001), *Slipstream* (2005) ac *X-Men: The Last Stand* (2006). Lleisiodd ran 'Freddie the Dog' yn y cartŵn *Madagascar 3* (2012). Daeth ei hiwmor ffraeth â lle iddo ar sawl rhaglen deledu.

Guinness – gwin y gwan

'Guinness – gwin y gwan' yn ôl yr hen hysbyseb, ond wyddoch chi mai o Gymru y daeth y rysáit gwreiddiol i'r cwrw du enwog?

Ganed Arthur Guinness (1725-1803) yn Cill Droichid (Celbridge), Swydd Kildare yn fab i Richard ac Elisabeth Guinness. Daeth Richard yn was a stiward tir i Arthur Price (?1678-1752), Archesgob Eglwys Anglicanaidd Iwerddon yn Caiseal (Cashel). O barch i'w gyflogwr enwodd Richard ei fab yn Arthur a daeth yr Archesgob yn dad bedydd i'r plentyn.

Taid yr Archesgob oedd David Price, ficer Llanarth, Ceredigion, a dywedir mai ef oedd perchennog rysáit y cwrw du gwreiddiol, ddaeth i feddiant ei ŵyr yn Iwerddon.

Yn 1722 prynodd yr Archesgob fragdy yn nhref Celbridge, a gofynnodd i'w was, Richard Guinness, ofalu am gynhyrchu'r cwrw yno. Pan fu'r Archesgob farw yn 1752, gadawodd rysáit ei gwrw du i'w was a £100 i Arthur ei fab bedydd.

Yn 1756 sefydlodd Arthur fragdy llwyddiannus yn Leixlip, Swydd Kildare cyn prynu safle 24 erw yn St James's Gate, Dulyn ar brydles 9,000 o flynyddoedd. Yno sefydlodd fragdy newydd a throsglwyddo'r bragu yn Leixlip i'w frawd.

Dathlu 200mlwyddiant bragdy Guinness, 1959

Bu'r cwrw du yn llwyddiant mawr ac erbyn 1886 bragdy Guinness, Dulyn, oedd y mwyaf yn yr holl fyd.

Bu bron i fragdy Guinness gael ei drosglwyddo i Gaergybi neu Gaernarfon yn yr 1770au am i senedd Lloegr osod treth drom ar gwrw wedi'i fragu yn Iwerddon, treth na fodolai ar dir mawr Prydain. Byddai symud y bragdy i ogledd Cymru yn ffordd i osgoi'r dreth, ond llwyddwyd yn y diwedd i'w diddymu.

Cyswllt Cymreig arall yw fod tair cenhedlaeth o ddisgynyddion teulu Griffiths, Drws y Coed, Nantlle (perthnasau i'r cenedlaetholwr Arthur Griffith, tud. ...) yn fragwyr a phartneriaid yng Nghwmni Guinness yn y 19eg ganrif.

Richard Trevithick (1771-1833)

Dyfeisydd a pheiriannydd o Tregajorran yng Nghernyw oedd Richard Trevithick a aned i deulu o fwyngloddwyr a pheirianwyr ym mhyllau tun niferus yr ardal.

Er iddo wneud yn sâl iawn yn yr ysgol roedd ganddo ddawn efo peiriannau a daeth yn beiriannydd yng nghloddfa Ding Dong yn 1797. Yno, i osgoi gorfod talu am ddefnyddio patent injan stêm cwmni Boulton a Watt, dyfeisiodd beiriant newydd a ddefnyddiai stêm ar bwysedd uchel. Roedd ei ddyfais yn llwyddiant ac yn fwy effeithiol na dyfais Boulton a Watt.

Rhagoriaeth arall i'w ddyfais newydd oedd ei fod yn gymharol ysgafn a chafodd y syniad o'i roi ar olwynion i dynnu wagen. Adeiladodd beiriant o'r enw 'Puffing Devil' a'i arddangos yn Llundain yn 1801 yn cario chwech o bobl. Dyma'r enghraifft gyntaf erioed o drafnidiaeth yn cael ei gyrru gan stêm.

Yn 1802 adeiladodd beiriant stêm i yrru gordd i guro haearn yng ngwaith Penydarren ym Merthyr. Gyda help Rees Jones o'r gwaith fe'i gosododd ar olwynion i redeg ar reiliau yn 1803. Gwnaeth hyn gymaint o argraff ar Samuel Homffray,

Stamp Cambodia, 1995

perchennog y gwaith, nes iddo fetio 500 gini efo'r meistr haearn Richard Crawshay y gallai dynnu 10 tunnell o haearn y 9¾ milltir o Benydarren at y gamlas yn Abercynon. Ar Chwefror 21ain, 1804 llwyddodd i wneud hynny, gyda 5 wagen ychwanegol yn cario 70 o bobl yn cynnwys Crawshay a nifer o bwysigion. Dyma'r siwrnai drên stêm gyntaf erioed.

Comisiynwyd peiriant Penydarren o'r newydd gan yr Amgueddfa Genedlaethol yn 1981. Fe'i cedwir yn Amgueddfa'r Glannau, Abertawe, ac ar sawl achlysur yn y flwyddyn caiff godi stêm a rhedeg ar reiliau y tu allan i'r amgueddfa. Ceir cofeb i Trevithick a'i beiriant arloesol yn Abercynon.

Patent Fairlie

Mae Fairlie yn enw ar fath o locomotif stêm, lle mae'r olwynion gyrru yn gorwedd ar ddau 'bogi', neu lwyfan pedair olwyn, o dan yr injan ac yn symud yn annibynnol i fedru dilyn y rheiliau'n haws pan fydd y trac yn gwyro i un ochr. Mae hefyd yn galluogi i'r olwynion i gyd gysylltu â'r rheiliau a thynnu eu pwysau'n gytbwys.

Gall y math deuben o'r Fairlie, sef dwy injan gefn wrth gefn, yrru yr un mor rymus i'r ddau gyfeiriad, sydd ddim mor hawdd i injan sengl gonfensiynol. Cysylltir y patent â rheilffyrdd gyda throadau tyn, yn enwedig traciau cul mynyddig. Ar Reilffordd Ffestiniog y gwelir yr enghreifftiau gorau drwy'r byd o'r injanau Fairlie deuben erbyn hyn. Fe'u datblygwyd yno ddiwedd y 19eg ganrif am y gallai'r injan ddwbwl ddygymod yn well â'r dynfa hir i fyny i Flaenau Ffestiniog ar hyd trac troellog wedi cario llechi i harbwr Porthmadog. Adeiladwyd sawl Fairlie yng ngweithdy Boston Loge ym Mhorthmadog.

Datblygwyd y Fairlie gan ddyfeisiwr o'r Alban, Robert Francis Fairlie (1830-1885). Cafodd ei hyfforddi yng ngweithdai Crewe a Swindon cyn cael gwaith yng ngogledd Iwerddon ac yna yn yr India am rai

Injan Fairlie ddeuben, stamp 1979

blynyddoedd. Daeth yn ei ôl yn 1859 ac wedi sicrhau ei batent yn 1864 adeiladodd ei injan Fairlie gyntaf, y 'Pioneer', ar gyfer Rheilffordd Castell-nedd i Aberhonddu. Ond ei 'Little Wonder' yn 1869 ar gyfer Rheilffordd Ffestiniog roddodd enw iddo fel dyfeisiwr tra arbennig.

Trefnwyd cystadleuaeth yn 1870 rhwng y Little Wonder ac injan danc George England o flaen gwahoddedigion o Rwsia, Sweden, Prwsia, Gwlad Pwyl, Hwngari, Twrci, Mecsico a'r India. Yn dilyn llwyddiant y Little Wonder daeth archebion o bob cwr o'r byd ac erbyn 1876 roedd 43 cwmni rheilffordd yn defnyddio'r Fairlie.

John James Hughes (1814-1889)

Argraffwyd stampiau post answyddogol yn 1981 a 1991 i ddathlu datblygiad Hughesovka, dinas ddiwydiannol ar lannau afon Don yn yr Wcráin. Yn 1924 newidiwyd ei henw i Stalino, ac yna i Donetsk yn 1961. Mae iddi boblogaeth o dros 950,000 erbyn hyn.

Stamp answyddogol Wcráin 1991

Cyn 1991 roedd yr Wcráin dan awdurdod Rwsia. Crëwyd amgueddfa a chyhoeddwyd y stampiau hyn i gofáu sylfaenydd Donetsk, er i Rwsia geisio eu gwahardd.

Cymro, John James Hughes o Ferthyr Tydfil, fu'n gyfrifol am greu Hughesovka. Roedd ei dad yn brif beiriannydd yng ngwaith haearn Cyfarthfa, lle cychwynnodd John Hughes ei yrfa fel peiriannydd, dyfeisiwr a masnachwr diwydiannol llwyddiannus. Erbyn iddo gyrraedd 28 oed roedd yn berchennog ar iard longau ac, yn 36 oed, ar ffowndri yng Nghasnewydd lle gwnaeth enw iddo'i hun, a ffortiwn, yn dyfeisio arfau milwrol. Tra roedd yno, priododd Elisabeth Lewis, a chawsant wyth o blant. Symudodd i Lundain ganol yr 1850au gan ennill contractau sylweddol gan y llynges.

n 1868 derbyniodd gontract o Rwsia i arfogi llynges ymerodrol y Baltig ac i ddatblygu gweithfeydd diwydiannol i'r diben hwnnw. Yn haf 1870, hwyliodd i'r Wcráin gydag oddeutu cant o weithwyr haearn a glowyr o dde Cymru. Cododd wyth ffwrnais ar lannau afon Don, suddodd byllau glo a haearn, sefydlodd waith brics i godi tref a ffowndri i adeiladu rheilffyrdd. Galwyd y dref yn Hughesovka ac yma, erbyn diwedd y 19eg ganrif, y cynhyrchid 74% o'r haearn ar gyfer Rwsia gyfan.

Cododd John Hughes ysbyty, ysgolion, baddondai, brigâd dân, ac eglwys a gysegrwyd i Dewi Sant a Sant Siôr at wasanaeth y trigolion. Bu farw yn St. Petersburg yn 1889, a'i gladdu ym mynwent Gorllewin Norwood, Llundain. Cynhwysodd y Manic Street Preachers gân am John J Hughes a Hughesovka yn eu halbwm *Futurology* yn 2014.

David Edward Hughes (1831-1900)

Ganed David Edward Hughes yn Green-y-Ddwyryd, Corwen, yn fab i David Hughes, crydd o'r Bala a cherddor amryddawn. Yn bum mlwydd oed crwydrai David Edward y wlad gyda'i frodyr a'i chwaer Margaret i gynnal cyngherddau telyn. Ymfudodd y teulu i Virginia yn yr UD pan oedd David yn saith oed a chafodd ei addysg yng Ngholeg St Joseph, Kentucky. Yn 19 oed cafodd swydd yno fel athro cerddoriaeth ac, o fewn blwyddyn, i ddysgu gwyddoniaeth hefyd.

Yn 21 oed dyfeisiodd y telegraff argraffu cyntaf. Dyma gam ymlaen o drosglwyddo negeseuon Morse, gan y gellid teipio a gyrru neges ar wifrau i'w hargraffu'n llythrennau ar dâp papur y pen arall. Gadawodd y coleg i ddatblygu ei ddyfais newydd, a rhoddodd batent arni yn 1856. Symudodd i Loegr yn 1857 ac erbyn 1859 roedd wedi datblygu patent gwell. Yn 1860 prynwyd ei ddyfais gan lywodraeth yr UD ac o fewn ychydig flynyddoedd daeth yr 'Hughes Telegraph System' yn safonol drwy Ewrop.

Gweithiodd ar yrru sain drwy wifrau ac arweiniodd ei arbrofion at ddatblygu'r meicroffon yn 1878, cam pwysig a wnaeth

Stamp Telegraff o Sbaen, 1945

y teleffon a'r radio yn bosib. Yn 1879 profodd un o'i arbrofion fod ymbelydredd electromagnetig yn bodoli pan drosglwyddodd signalau radio o un pen o Great Portland Street, Llundain i'r llall. Roedd hyn wyth mlynedd cyn i Heinrich Hertz gael y clod am wneud yr un peth ac 20 mlynedd cyn darllediadau radio Guglielmo Marconi.

Cafodd D. E. Hughes lu o wobrau am ei ddyfeisiau, e.e. Medal Aur Paris (1867); Medalau Aur yn Llundain (1885 a 1897) ac anrhydeddau yn Ffrainc, Awstria, Bafaria, yr Eidal, gwlad Belg, Rwsia, Sbaen, Serbia, Twrci, a'r UD. Bu farw yn 69 mlwydd oed yn Llundain a'i gladdu yno ym mynwent Highgate.

Guglielmo Marconi (1874-1937)

Deuai Guglielmo Marconi o deulu cefnog; ei dad Giuseppe yn dirfeddiannwr cyfoethog a'i fam Annie yn perthyn i deulu Jameson, cynhyrchwyr whisgi yn Iwerddon. Fe'i ganed yn Bologna yn yr Eidal. Daeth yn ŵr busnes craff a dyfeisydd llwyddiannus iawn ym maes radio.

Dechreuodd ei ddiddordeb mewn systemau telegraff pan oedd yn ifanc, a chyda chefnogaeth ei gymydog, yr Athro Augusto Righi o Brifysgol Bologna, llwyddodd i ail-greu a gwella ar arbrofion Hertz ar donnau radio. Erbyn 1895-96 gallai ei offer drosglwyddo negeseuon Morse rai cilometrau.

Nid oedd gan lywodraeth yr Eidal ddiddordeb, felly aeth i Lundain yn 1896 a chodi patent cynta'r byd ar delegraff diwifr. Bu William Preece, Cymro o Gaernarfon a phennaeth y Swyddfa Bost, yn arbrofi â syniadau tebyg, ond cyfaddefodd bod offer Marconi yn llawer gwell a bwriodd ati i'w gefnogi.

Arbrawf pwysig oedd gyrru neges dros ddŵr, o Larnog ger Penarth i Ynys Echni ac yna'r 24 km i Weston Super Mare yn 1879. Profodd hyn y posibilrwydd o gysylltu heb wifrau â llongau ar y môr. Buan y gwellhaodd ei dechnegau gan

Stamp Iwerddon, 1995

arwain at sefydlu cwmni telegraff diwifr cynta'r byd yn 1896 – y Marconi Wireless Telegraph Co. Ltd.

Credai y gellid gyrru negeseuon dros y gorwel, a thrwy godi gorsafoedd yn Poldhu, Cernyw, a Cape Cod yn yr UD, llwyddodd i wneud hynny yn 1903. Fel y cynyddai'r angen am gysylltiadau rhyngwladol codwyd gorsaf drosglwyddo enfawr ar fynydd Cefn Du, Waunfawr yn 1914 a gorsaf dderbyn yn Nhywyn, Meirionnydd. Tra oedd yn adeiladu gorsaf Cefn Du, arhosai Marconi yng Nghaernarfon a galwai i weld ei gyfaill William Preece oedd wedi ymddeol i Benrhos, Caeathro.

Parhaodd gorsaf Tywyn i weithio hyd 1923, a Chefn Du hyd 1939. Erbyn hynny roedd technoleg radio wedi brasgamu ymlaen.

Y Land Rover

Epil Môn yw'r Land Rover gwreiddiol, y cerbyd gyriant pedair olwyn fu mor boblogaidd ymysg ffermwyr.

Daeth y syniad am ddatblygu'r cerbyd newydd i Maurice Wilks, prif gynllunydd cerbydau cwmni ceir Rover yn 1947. Roedd ef a'i frawd Spencer, oedd yn un o gyfarwyddwyr y cwmni, yn berchnogion dwy fferm, Glan-yr-afon a Thros-yr-afon, ger Niwbwrch. Yno gwelodd Maurice Wilks gymydog yn defnyddio Jeep Americanaidd yn y goedwig yr oedd yn ei chlirio. Fe ffeiriodd Maurice 'Bren Gun Carrier' am y Jeep i hwyluso mynd â'i deulu dros y twyni i'r traeth yn Abermenai.

Meddyliodd y brodyr bod lle i gwmni Rover ddatblygu cerbyd fyddai'n cymryd lle'r Jeep milwrol pan ddeuai oes honno i ben. Anfonwyd y Jeep i Rover ym Mirmingham i'w harchwilio ac i feddwl am syniadau ar gyfer cerbyd newydd. Yn y prototeip cyntaf roedd llawer o'r corff yn debyg i'r Jeep, gyda pheiriant a blwch cocos Rover P2. Defnyddiwyd alwminiwm yn wreiddiol ar gyfer y ffrâm a'r echelydd am fod haearn yn dal yn brin; coed ar gyfer rhannau o'r corff a chanopi o gynfas drosti. Fe'i peintiwyd yn wyrdd am mai dyma'r

Stamp Malvinas, 2019

unig liw oedd ar gael yn hawdd yn dilyn y rhyfel.

Daeth y prototeip yn ei ôl i Fôn ar gyfer treialon yn Niwbwrch a Thraeth Coch cyn lansio'r cerbyd newydd, y Gyfres 1, yn Amsterdam yn 1948 ac mewn sioeau amaethyddol ar hyd gwledydd Prydain yn tynnu aradau a pheiriannau torri gwair.

Lansiwyd y Gyfres 2 yn 1958; y Range Rover yn 1970; y Discovery yn 1989 a'r Defender yn 1990. Er y cymerwyd cwmni Rover drosodd gan gyfres o gwmnïau eraill dros y blynyddoedd maent wedi dal i gynhyrchu modelau newydd hyd heddiw yn seiliedig ar y Land Rover eiconig gwreiddiol.

Eisteddfod

Dyma Ŵyl gelfyddydol a chystadleuol, sydd wedi ei chynnal dan yr enw Jersey Eisteddfod, ers Hydref 1908. Daeth i fodolaeth drwy anogaeth cyn-Ddeon yr ynys oedd o'r farn y byddai cystadlaethau mewn gwahanol feysydd celfyddydol yn fodd i wella safonau ymysg ei gyd-ynyswyr. Patrymwyd eisteddfod yr ynys ar y traddodiad eisteddfodol Cymreig oedd wedi creu argraff ddofn ar y Deon.

Rhennir yr eisteddfod yn ddwy ŵyl flynyddol, sef Gŵyl y Gwanwyn ym mis Mawrth pryd y canolbwyntir ar y celfyddydau creadigol a chelf a chrefft megis brodio, celf tecstiliau, trefnu blodau, ffotograffiaeth, fideo, arlunio, caligraffi. Cynhelir Gŵyl yr Hydref ym mis Tachwedd pryd y rhoddir y pwyslais ar berfformio drwy gerddoriaeth, dawns a drama, ac ar ysgrifennu creadigol.

Heblaw am gyfnodau'r ddau Ryfel Byd, parhaodd y traddodiad yn ddi-fwlch. Ehangwyd ei gweithgareddau yn sylweddol ers ei chychwyniad ac erbyn heddiw mae'r ddwy ŵyl yn denu oddeutu 3,000 o gystadleuwyr yr un, lawer ohonynt yn blant ysgol o bob oedran yn ogystal ag

Un o bum stamp Eisteddfod Jersey, 2008

oedolion yn y gwahanol adrannau.

Yn naturiol, bu newidiadau ers rhaglenni'r dyddiau cynnar, gan adlewyrchu newid yn ffasiwn yr oes. Er enghraifft, diflannodd y cystadlaethau ysgrifennu llaw fer a golchi dillad.

Gwirfoddolwyr sy'n gyfrifol am yr holl drefniadau a daw beirniaid o'r tir mawr fel arfer a rhoi beirniadaeth ysgrifenedig i bob cystadleuwr. Mae Eisteddfod Jersey yn annog cystadleuwyr i ystyried geiriau Syr Walford Davies: 'Delfryd yr ŵyl gystadleuol yw nid ennill gwobrau a threchu eraill, ond mesur datblygiad eich gilydd ar y ffordd i ragoriaeth.'

Yn 2008 cyhoeddodd Swyddfa Post Jersey bum stamp post i ddathlu canmlwyddiant ei heisteddfod flynyddol.

Enwau Lleoedd

De Cymru Newydd

Yn 1770 darganfu James Cook, Capten yr *Endeavour*, dir newydd yn ei feddwl ef, sef arfordir de-ddwyrain Awstralia. Glaniwyd yn Botany Bay, gan hawlio'r tir i Goron Lloegr. Enwyd y tir newydd yn Gymru Newydd gan Cook, yn deyrnged i'r Cymry ymysg criw'r llong. Yn ddiweddarach newidiwyd yr enw i Dde Cymru Newydd rhag cymysgu â Chymru Newydd arall yng Nghanada.

Ar y pryd roedd cymaint â 250 o lwythau brodorol yn Awstralia, gyda'u tiriogaethau, eu harferion a'u hieithoedd eu hunain. O flaen Amgueddfa Sydney ceir plac sy'n dyfynnu geiriau Rhys Jones (1941-2001), Athro Archeoleg ym Mhrifysgol Canberra a fagwyd ym Mlaenau Ffestiniog. Disgrifia ymateb y ddwy ochr ar eu cyfarfyddiad cyntaf:

Daeth y darganfyddwyr, wedi stryffaglio drwy'r tonnau, wyneb yn wyneb ar y traeth â phobl eraill yn edrych arnynt o ymyl y coed. I'r newydd-ddyfodiaid roedd yn dir estron, anghroesawgar a heb ffurf, ond i'r brodorion roedd yn gartref, yn gynhaliaeth ac

Stamp De Cymru Newydd, 1850

ysbrydoliaeth i'w breuddwydion (1985).

Sefydlwyd trefedigaeth garchar yn Botany Bay ger Sydney yn 1788 a gyrrwyd mân-droseddwyr yma o Brydain, llawer ohonynt yn Gymry, am ladrad a gwrthwynebu cau tiroedd comin.

Ymestynnai'r Dde Cymru Newydd wreiddiol dros hanner tiriogaeth Awstralia gan gynnwys Seland Newydd cyn i daleithiau newydd gael eu creu: Tasmania 1825; De Awstralia 1836; Seland Newydd 1841; Victoria 1851 a Queensland 1859.

Sefydlwyd ffiniau'r dalaith bresennol yn 1855 a chafodd ei Senedd ei hun yn 1856. Parhaodd taleithiau Awstralia yn annibynnol o'i gilydd tan 1901 pryd y penderfynwyd drwy refferendwm i greu Cymanwlad Taleithiau Awstralia. Yn 1913, dynodwyd rhan fechan o Dde Cymru Newydd yn diriogaeth ar wahân, i sefydlu Prifddinas newydd, Canberra, ar gyfer Awstralia gyfan.

Cyhoeddodd De Cymru Newydd ei stampiau ei hun tan 1913, pryd y'u disodlwyd gan stampiau Awstralia.

Milford Sound a Milford Track

Yn ne-orllewin Ynys Ddeheuol Seland Newydd, mewn ardal sy'n safle treftadaeth o bwys, a elwir yn Te Wahipounamu, y mae afon Arthur yn llifo i Swnt Milford. Piopiotahi ydyw'r enw brodorol ar y swnt neu ffiord, sy'n cyfeirio at yr aderyn piopio, sy'n debyg iawn o ran ei olwg i'r fronfraith.

Mae i'r aderyn piopio ran bwysig yn un o hen chwedlau y Maori a phobl ynysoedd Polynesia am ei gyswllt â'r arwr Māui. Yn fersiwn Seland Newydd o'r chwedl dywedir i fachyn pysgota hudol Māui ddal pysgodyn anferth, a throdd hwnnw yn Ynys y Gogledd, a chanŵ hudol Māui yn Ynys y De. Yn Hawaii, y bachyn hwn yn cydio yng ngwaelod y môr sawl gwaith fu'n gyfrifol am godi tir yr ynysoedd i'r wyneb.

John Grono (1763-1847) o Drefdraeth, Penfro oedd yr Ewropead cyntaf i archwilio'r rhan hon o ynys ddeheuol Seland Newydd, ac ef a enwodd y swnt yn

Stamp Seland Newydd, 1988

Milford Haven am iddi ei atgoffa o Aberdaugleddau yn ne Sir Benfro. Newidiodd Milford Haven yn Milford Sound yn ddiweddarach. Roedd y John Grono ifanc wedi ymuno â'r llynges Brydeinig cyn troi at gario nwyddau ac ymfudwyr i Awstralia. Ymfudodd gyda'i deulu i Dde Cymru Newydd yn 1799 a gwneud ei ffortiwn yn hela morloi ar arfordir ynys ddeheuol Seland Newydd am eu crwyn. Daeth yn berchennog ac adeiladwr llongau gan gynnwys rhai o longau mwyaf Awstralia ar y pryd.

Ar ran olaf ei thaith mae'r afon yn dilyn llwybr y Swnt, sy'n 15 km o hyd i Fôr Tasman. O boptu'r ffiord, ceir mynyddoedd uchel a thrawiadol ac ar ei hyd ceir llwybr cerdded enwocaf a harddaf Seland Newydd, sef y Milford Track.

Rhaeadr Llanymddyfri, Ynys Jamaica

Mae'r cysylltiad rhwng Cymru a Jamaica yn mynd yn ôl ganrifoedd, fel y tystia rhai enwau lleoedd megis Llandewey (Llanddewi) a Llanrumney (Llanrhymni). O Lanrhymni y deuai'r herwlongwr enwog Harri Morgan. Ym Mhlwyf y Santes Ann yn agos i arfordir gogleddol yr ynys ceir yr enw 'Llandovery Falls', y ceir y cyfeiriad cyntaf ato ar fap o Jamaica yn 1749. Gŵr o'r enw Hulbe roddodd yr enw i'r rhaeadr a'i galw ar ôl ei dref enedigol yng Nghymru. Gwaetha'r modd ni wyddwn pwy ydoedd Hulbe, na fawr ddim amdano.

Defnyddiwyd ffotograff o eiddo Dr James Johnston (1851-1921), Albanwr a drigai yn Nhref Brown, prif dref plwyf y Santes Ann, ar gyfer dylunio'r stamp. Roedd Johnston, ddaeth i fyw ar yr ynys yn 1874, yn anturiwr, cenhadwr, ffotograffydd, a meddyg, a bu'n gyfrifol am dynnu lluniau nifer o olygfeydd a werthwyd fel cardiau post. Teithiodd, efo chwe gŵr o Jamaica, ar draws canolbarth Affrica yn 1891, gan geisio dilyn taith Albanwr arall, David Livingstone. Cwblhawyd y daith honno yn Hydref 1892.

Uwchben y llythrennau **RY** sy'n rhan

Stamp 'Llandovery Falls', 1901

o'r enw LLANDOVERY gwelir ffurf dynol â'i fraich wedi ymestyn, sy'n ymddangos fel petai'n gwisgo arfwisg milwr Sbaenaidd. Ai cyfeiriad at chwedl leol yw hyn? Yn ôl y stori honno bu i'r milwr hwn wirioni'n lân pan welodd ferch brydferth Pennaeth y llwyth Arawak ar lan yr afon. Ond cymerodd hithau'r goes, a'r diwedd fu iddi lamu i ganol gwylltineb yr afon uwchlaw'r rhaeadr. Neidiodd yntau i'r afon ar ei hôl, ond edifarhaodd wneud hynny pan glywodd ddwndwr y rhaeadr yn agosáu. Erbyn hynny roedd ar ben arno a bu foddi, ond llwyddodd merch y Pennaeth i gyrraedd ochr bellaf yr afon yn ddiogel.

Chomolungma / Everest

Yr enw brodorol ar fynydd ucha'r byd yw Chomolungma, sef 'Mam Dduwies y Byd'. Darganfuwyd mai dyma'r mynydd uchaf yn dilyn archwiliad trigonometrig manwl o fynyddoedd yr Himalaya yn 1852. Ffafriai pennaeth yr arolwg, George Everest (1790-1866), Cymro o Gwm Gwern, Brycheiniog, yr enw brodorol, ond penderfynwyd yn wahanol gan y brif swyddfa ordnans yn Llundain ac, yn 1865, fe'i henwyd yn Fynydd Everest, i gydnabod gwaith oes y mapiwr a'r mesurydd tir o Gymro.

Dywedir mai brodor o Aberpennar, Charles Bruce, oedd y cyntaf i awgrymu ymgyrch i ddringo Mynydd Everest. Digwyddodd yr ymgais aflwyddiannus honno yn 1922 dan arweiniad Bruce, ac ymhlith y criw roedd dau ddringwr enwog iawn, sef Andrew Irvine a George Mallory. Collwyd y ddau ac mae'n gwestiwn hyd heddiw a fu iddynt gyrraedd y copa cyn diflannu.

Y ddau a gydnabyddir fel y cyntaf i gyrraedd y copa oedd Edmund Hillary o Seland Newydd a'r sirdar Tenzing Norgay o Nepal, ym Mai 1953. Gwerth nodi y bu tîm dringo 1952-1953 yn ymarfer am hanner blwyddyn ar greigiau Eryri cyn

Sherpa Tensing ar stamp Seland Newydd, 2003

mentro i'r Himalaya. Byddai'r dringwyr bryd hynny'n arfer cyfarfod yng Ngwesty Pen-y-gwryd, fel y gwnâi Mallory a'i gyfoedion genhedlaeth ynghynt.

Dri diwrnod cyn i Hillary a Tenzing gyflawni eu camp, bu bron i ddau aelod arall o'r un tîm lwyddo i gyrraedd y copa, sef y Cymro Charles Evans a'i gydymaith Tom Bourdillon. O fewn cyrraedd i'r copa bu raid iddynt droi'n ôl a dychwelyd i'r gwersyll oherwydd diffyg ocsigen. Gwnaeth Hillary a Tenzing yn siŵr fod ganddynt gyflenwad digonol.

Brodor o Bontrhydfendigaid oedd y Cymro cyntaf i ddringo Everest, sef Caradog 'Crag' Jones, ym Mai 1995. A'r Gymraes gyntaf oedd Tori James o Sir Benfro, ym Mai 2007.

Mynydd Penfro / Mt Pembroke (Seland Newydd)

Gwelir yr enw Pembroke mewn nifer o wledydd ar draws y byd, e.e. Awstralia, Bermiwda, Canada, Iwerddon, Malta, a'r UD Yn Seland Newydd mae'n enw ar y mynydd a elwir yn Wanaka yn iaith y Maori. Lleolir Mynydd Penfro, sydd yn 2,014 metr (6,608 troedfedd), yng Nghanolbarth Otago ar Ynys Ddeheuol Seland Newydd. Hwn yw'r 181fed mynydd uchaf yn y wlad.

Ond sut, meddech chwi, y daeth Penfro i fodoli yn y rhan yma o'r byd? A phwy a fu'n gyfrifol amdano?

Yr enw ddaw i'r amlwg yw William Gilbert Rees (1827-1898), anturiwr, tirfesurydd a chwaraewr criced. Fe'i ganed yn Haroldston, plwyf Sant Usyllt, yn Sir Benfro. Ymfudodd o Gymru yn 1852 i Dde Cymru Newydd, Awstralia, lle bu'n ffermio a chadw defaid. Dychwelodd oddi yno yn 1858, nid i Gymru, ond i Loegr, lle y priododd ei gariad ers bore oes, sef ei gyfnither Frances Rebecca Gilbert, (1838-1926).

Erbyn 1860, roedd William a Frances wedi ymfudo i Seland Newydd, ac yn byw ar fferm o'u heiddo ger aber afon Kawarau, lle saif Queenstown erbyn hyn, tref nad oedd yn bodoli bryd hynny. Bu iddynt ddau o blant, sef Cecil ac Walter Rees.

Hoff gêm William Gilbert Rees oedd criced, ac ef ddaeth â'r gêm hon i sylw trigolion y rhan honno o Seland Newydd. Nid oedd ei hoffter o'r gêm yn annisgwyl gan ei fod yn gefnder i William Gilbert Grace (1848-1915), brodor o Downend, ger Bryste, Lloegr, a chwaraewr criced byd-enwog bryd hynny.

Stamp o 1898 yn dangos 'Mount Pembroke'

Enwyd afon Rees yng Nghanolbarth Otago er cof amdano. Bu farw yn Blenheim, Seland Newydd, a'i gladdu ym mynwent Omaka. Saif cerflun ohono, efo carreg sy'n adrodd rhywfaint o'i hanes, ar Stryd Rees yn nhref Queenstown.

Goleudy Dewi Sant (**Bermiwda**)

Saif Goleudy Dewi Sant ar ochr ddwyreiniol ynys Bermiwda. Fel pob goleudy arall, y prif fwriad dros ei adeiladu oedd rhybuddio llongau a chychod, a hynny wedi iddi nosi, bod tir gerllaw. Cyflawnir hynny drwy gyfrwng cyfres o fflachiadau, a phob cyfres yn unigryw i bob goleudy: yn yr achos hwn, dwy fflach bob 20 eiliad. Cymerwyd tair blynedd i adeiladu Goleudy Dewi Sant, ac ym mis Tachwedd, 1879 y cafodd ei oleuo am y tro cyntaf erioed. Yn y flwyddyn 1922, disodlwyd yr hen lamp baraffin wreiddiol hefo llosgydd petrolewm.

Mae hanes yr ynys yn ddiddorol. Ar fordaith yn 1503 bu i longwr Sbaenaidd o'r enw Juan de Bermudez daro ar yr ynys a chafodd ei henwi yn La Bermuda. Dychwelodd Bermudez yn 1515, ond oherwydd tywydd garw methodd â glanio.

Bron i ganrif yn ddiweddarach, yn 1609, bu i'r llong Sea Venture o Loegr, tra'n teithio am Jamestown, Virginia, gael ei dal ynghanol corwynt cynddeiriog ger yr ynys. Drylliwyd y llong ond, wrth lwc, llwyddodd y 150 o deithwyr a morwyr, yn cynnwys gwragedd, gwŷr a phlant yn ogystal ag un anifail, sef ci, i oroesi'r storm, gan lanio ar yr ynys. Bu raid iddynt fyw yma am ddeng mis cyn cael eu darganfod a'u hachub.

Goleudy Dewi Sant, 1938

Ymhlith y rhai a achubwyd roedd rhai ag enwau Cymreig: Stephen Hopkins, Richard Lewis, Thomas Powell, ac Edward Samuel.

Ar sail y digwyddiad hwn, sef bod Prydeinwyr wedi preswylio yno, penderfynodd Senedd Lloegr mai eu heiddo nhw oedd yr ynys! Fe'i coloneiddiwyd, ac roedd sawl Cymro ymhlith y rhai ddaeth yno i fyw o wledydd Prydain. Enwyd un o'r prif ynysoedd sy'n ffurfio Bermiwda yn Ynys Dewi Sant a cheir arni benrhyn, goleudy, yn ogystal ag ysgol feithrin ac ysgol gynradd, i gyd wedi eu henwi ar ôl nawddsant Cymru.

Ynys Penrhyn

Ddiwedd y 18fed ganrif roedd Richard Pennant (1737-1808) o Stad y Penrhyn, Llandygái, perchennog chwarel lechi'r Penrhyn, Bethesda, hefyd yn berchen ar amryw o ystadau yn Jamaica oedd yn cynhyrchu siwgwr, gyda thros 600 o gaethweision yn gweithio ynddynt. Roedd yn gefnogol i gaethwasiaeth ac yn 1786 adeiladwyd llong iddo i gludo caethion o Affrica i'r Caribî. Galwodd y llong yn *Lady Penrhyn* ar ôl ei wraig. Ond ni ddefnyddiwyd y llong i gludo caethweision oherwydd y gwrthwynebiad cynyddol i gaethwasiaeth. Trodd at fasnach, ac at drosglwyddo troseddwyr i'w halltudiaeth yn Botany Bay, Awstralia.

Hwyliodd y *Lady Penrhyn* o Portsmouth ym Mai 1787 yn rhan o'r 'Llynges Gyntaf' o 11 llong a gludai dros fil o garcharorion, yn ddynion a merched, i Dde Cymru Newydd. Cyrhaeddwyd Sydney yn Ionawr 1788 a chludwyd hefyd y ceffylau cyntaf i gyrraedd Awstralia, saith ohonynt, o Cape Town, De Affrica.

Oddi yno, hwyliodd y *Lady Penrhyn* am ogledd-orllewin America i brynu cargo o ffwr anifeiliaid i'w cyfnewid am de yn Tsieina. Ar y ffordd ymwelodd ag atol

Stampiau Ynys Penrhyn, 1902 a 1974

Tongareva, sy'n rhan o Ynysoedd Cook. Ailenwyd yr atol yn Ynys Penrhyn, ac arhosodd yr enw hwnnw hyd heddiw.

Rhwng 1789 ac 1811 bu'r *Lady Penrhyn* yn masnachu'n llwyddiannus ar draws y byd. Ond yng Ngorffennaf 1811, fel yr hwyliai am y Caribî, cafodd ei dal, ei rhoi ar dân a'i suddo gan y llong Ffrengig arfog, y Duc de Dantzig.

Mae Tongareva neu Ynys Penrhyn yn enwog am ei diwydiant llewyrchus o gasglu a gwerthu perlau duon ledled y byd. Rhwng 1902 a 1920 defnyddiai stampiau Seland Newydd, gyda'r geiriau 'Penrhyn Island' wedi'u printio arnynt, yna stampiau Ynysoedd Cook, ond o 1973 cyhoeddodd ei stampiau ei hun, sy'n dod â chryn elw i'r ynys.

Ffilm a Theledu

Stamp D.W. Griffith, 1975

D.W. Griffith (1875-1948)

Dywedir mai David Llewelyn Wark 'D.W.' Griffith a 'ddyfeisiodd' Hollywood yn yr UD. Fe'i ganed yn Crestwood, Kentucky yn fab i Jacob Griffith, Cymro a fu'n Gyrnol yn y fyddin Gydffederal yn ystod y Rhyfel Cartref, a Mary Perkins. Fe'i haddysgwyd mewn ysgol un ystafell, â'i chwaer hynaf, Mattie, yn athrawes arno.

Pan fu farw'r tad, a David Llewelyn ond yn ddeng mlwydd oed, cwympodd y teulu i dlodi, rhoi'r gorau i ffermio, a symud i Louisville. Bu'r fam yn cadw gwesty, ond methiant fu'r cyfan. Aeth D.W. Griffith i weithio mewn siop lyfrau er mwyn ceisio cynnal y teulu. Cafodd ei gyfareddu gan fyd y ddrama a thechnoleg ffotograffiaeth ac yn 1908 dechreuodd gynhyrchu ffilmiau byrion.

Rhwng 1908 a 1931 cynhyrchodd D.W. Griffith 500 o ffilmiau, gan wneud cryn argraff gyda'i waith camera. Un o'i ffilmiau mwyaf adnabyddus oedd *The Birth of a Nation* (1915) a sylfaenwyd ar hanes teulu a rwygwyd yn yfflon gan y Rhyfel Cartref. Costiodd y ffilm $110,000 i'w chynhyrchu.

Ochrai'r ffilm â'r Americanwyr Cydffederal ac achosodd hynny gryn ddadlau ar y pryd yn yr UD Maes o law, talodd yr holl wario ar ei ganfed, gan i'r ffilm ennyn sylw gwylwyr yn America ac ar draws y byd.

Ymdriniai â phynciau dwys yn ei ffilmiau, megis *The Struggle* (1931), am effaith andwyol alcoholiaeth. Methodd gael cefnogaeth ariannol yn aml a châi ei anwybyddu gan weddill Hollywood. Yn sicr, roedd yn arloeswr â thalent ymhell o flaen ei oes. Dyma ddywedodd dau o enwogion y byd ffilm cynnar amdano: "Ein hathro ni i gyd oedd o." – Charlie Chaplin

"Dydw i heb gasáu Hollywood ar wahân i'r modd bu iddi drin D.W. Griffith. Does 'run dref, diwydiant, proffesiwn, na chelfyddyd, mor ddyledus i un dyn." Orson Welles

Harold Clayton Lloyd (1893-1971)

Harold Lloyd oedd un o actorion, comedïwyr a pherfformwyr styntiau enwocaf cyfnod y ffilmiau di-sain, ynghyd â Charlie Chaplin a Buster Keaton. Cyfrifir yr olygfa ohono yn hongian oddi ar fys cloc ar adeilad uchel yn *Safety Last* (1923) yn un o'r delweddau mwyaf anhygoel welodd sinema erioed.

Ymfudodd ei hen daid, Stephen Lloyd (1785-1868), a'i wraig Catherine, o Gymru – ond ni wyddys o ble gwaetha'r modd – i Cambria County, Pensylfania, lle ganed ei daid, Stephen Lloyd yr ieuengaf, yn 1824. Yn ddiweddarach symudodd y taid i Pawnee City, Nebraska lle ganed James Darsie Lloyd yn 1864, sef tad Harold Lloyd a aned yn Burchard gerllaw.

Bu i'w dad ysgaru yn 1910 a symud gyda'i fab i Galiffornia. Roedd Harold wedi actio ers yn blentyn ac yn 1912 cafodd rannau mewn ffilmiau comedi byrion. Symudodd i Los Angeles yn 1913 a chael rhannau yn ffilmiau comedi y Keystone Film Co.

Erbyn 1918 roedd Harold wedi datblygu ei arddull unigryw ei hun – cymeriad credadwy yn hytrach na chlown, ond un oedd yn cael ei hun i sefyllfaoedd comig.

Yn 1919 cafodd ddamwain efo prop ffilm, sef bom (!), a chollodd ei fawd. Gwisgai fawd ffug yn ei ffilmiau o hynny ymlaen.

Yn 1921 symudodd at ffilmiau hir oedd yn cyfuno cymeriad cymhleth a chomedi. Seliodd Safety Last ei enwogrwydd yn 1923

Stamp UD, 1994

ac mae'n dal hyd heddiw ar restr y 100 ffilm Americanaidd mwyaf cyffrous erioed. Ffurfiodd Lloyd ei gwmni ffilmiau ei hun yn 1924 ac roedd *Welcome Danger,* ei ffilm siarad gyntaf yn 1929, yn llwyddiant ysgubol am fod cymaint eisiau clywed llais Harold Lloyd.

Daliodd i gynhyrchu ffilmiau tan 1937 cyn mynd at RKO Radio Pictures ac ymddeol yn 1947. Trodd at theatr, radio a theledu wedi hynny.

Richard Burton, (1925-1984)

Ganed Richard Burton ym Mhont-rhyd-y-fen ger Port Talbot yn 1925, yn un o 13 o blant i Richard W Jenkins (1876-1957) ac Edith Maude (née Thomas, 1883-1927). Ei enw bedydd oedd Richard Walter Jenkins fel ei dad, ond cymerodd yr enw Burton ar ôl ei athro Saesneg yn Ysgol Ramadeg Aberafan. Glöwr oedd ei dad a gweithiai ei fam y tu ôl i'r bar yn y Miner's Arms, Pont-rhyd-y-fen.

Collodd ei fam pan oedd yn ddyflwydd oed ac aeth i fyw i Tai Bach, Port Talbot at ei chwaer hynaf, Cecilia ('Cis') a'i gŵr Elfed James, oedd hefyd yn löwr. Richard oedd y cyntaf o'r teulu i fynd i ysgol ramadeg, lle y magodd ddiddordeb mewn llenyddiaeth. Roedd ganddo ddawn a llais da i lefaru ac enillodd ar ganu mewn eisteddfodau lleol.

Meithrinwyd ei dalentau mewn dramâu a sioeau cerdd gan ei athro, Philip Burton, a pharhaodd hwnnw i hyrwyddo gyrfa Richard fel actor ar ôl iddo adael yr ysgol. Enillodd ysgoloriaeth i Goleg Exeter, Rhydychen lle ymunodd â'r Gymdeithas Ddrama a chreu argraff dda ar rai o enwogion theatrig y West End, yn cynnwys Syr John Gielgud.

Wedi tair blynedd yn yr RAF (1944-1947) roedd gyrfa theatrig ddisglair o'i flaen. Yn 1949 cynigiodd y Cymro, Emlyn Williams, ran flaenllaw iddo yn ei ffilm *The Last Days of Dolwyn*, (1949) a arweiniodd at rannau mewn ffilmiau eraill.

Stamp Somalia, 2013

Yn 1952 cafodd y brif ran yn *My Cousin Rachel* efo Olivia de Havilland. Daeth yn un o sêr enwocaf Hollywood gan ennill 7 Academy Award, a sawl BAFTA a Golden Globe.

Priododd sawl gwaith, ond ei briodas (ddwywaith) â'r actores Elizabeth Taylor sy'n fwyaf cofiadwy.

Bu farw yng Céligny, Genefa, y Swistir, ac mae seren goffa iddo ar Lwybr yr Enwogion, Hollywood.

Bette Davis (1908-1989)

Ganed Ruth Elizabeth 'Bette' Davis yn Lowell, Massachusetts yn 1908, yn ferch i Harlow Morrell Davis (1885-1938), oedd o dras Cymreig, a Ruth Augusta (née Favor, 1885-1961). Cafodd ei chyfareddu gan y byd theatrig a phenderfynodd fynd yn actores. Cafodd fân rannau mewn amrywiol ddramâu cyn llwyddo i gael rhannau yn Broadway yn 1929.

Mentrodd i Hollywood yn 1930, ond heb fawr o lwyddiant ar y cychwyn heblaw mân rannau mewn amryw o ffilmiau. Yna ymunodd â Chwmni Warner Brothers yn 1932 a chael ei rhan fawr gyntaf yn The Man Who Played God yn y flwyddyn honno. Y ffilm wnaeth enw iddi oedd *Of Human Bondage* (1934) lle chwaraeai gymeriad annymunol a dideimlad. Aeth ymlaen i ennill sawl Gwobr Academi yn portreadu cymeriadau tebyg, yn cynnwys *Jezebel* (1938).

Cafodd yrfa hynod lwyddiannus fel actores ffilmiau'r sgrin fawr yn ogystal a'r theatr a dramâu teledu. Yn 1977 hi oedd y ferch gyntaf i dderbyn cydnabyddiaeth yr *American Film Institute* am gyfraniad oes ac, yn 1999, pan gynhaliodd yr *AFI* arolwg ymysg actorion i benodi'r '50 *greatest*

Stamp UD, 2008

American Screen Legends', hi ddaeth yn ail, ar ôl Katharine Hepburn. Yn y stamp gyhoeddwyd yn 2008 dangosir hi yn ei rhan fel Margo Channing yn y ffilm *All About Eve* (1950). Roedd yn un o 'pin-ups' poblogaidd y 1940au a'r 50au.

Bu'n briod bedair gwaith a chafodd dri phlentyn. Roedd yn gefnogol iawn i bobl ifanc oedd am wneud gyrfa ym myd ffilm a theatr ac yn 1977 sefydlodd Ymddiriedolaeth Bette Davis i roi ysgoloriaethau i actorion ifanc addawol. Bu farw yn Neuilly-sur-Seine, Ffrainc, yn 1989, a hynny tra'n ymladd yn ddewr gancr y fron.

Bob Hope (1903-2003)

Ganed Leslie Townes Hope yn Eltham, Llundain yn bumed o unarddeg mab i William Henry Hope, saer maen o Weston-super-mare ac Avis (née Townes), Cymraes a chantores opera o'r Barri ym Morgannwg. Ymfudodd y teulu yn 1908 i Cleveland, Ohio.

Yn 12 oed enillai'r bachgen arian poced yn bysgio, dawnsio, canu a pherfformio comedi. Enillodd wobr mewn sioe dalent yn 1915 am ei ddynwarediad o Charlie Chaplin, ac aeth ymlaen i ysgol ddawnsio a pherfformio mewn clybiau cyn ymuno â chwmni teithiol.

Wrth i'w yrfa ddatblygu, newidiodd ei enw i Bob Hope yn 1929 a chael llwyddiant ar lwyfannau vaudeville a Broadway. Dechreuodd berfformio ar y radio yn 1934 a chafodd rannau mewn ffilmiau efo Warner Brothers pryd y byddai'n ffilmio yn y dydd ac ar lwyfannau Broadway gyda'r nos.

Cafodd ran gan Paramount Pictures yn 1938 i ffilmio The Big Broadcast of 1938 ac o ganlyniad daeth ei gân Thanks for the Memory yn boblogaidd iawn. Bu mewn nifer fawr o ffilmiau comedi ar y cyd â Bing Crosby a Dorothy Lamour yn cynnwys saith ffilm yn y gyfres Road to.... rhwng 1940 a 1960. Derbyniwyd 75,000 o lythyrau protest pan ddaeth y gyfres i ben.

Stamp UD, 2009

Cydweithiodd efo Crosby a Lamour mewn sawl ffilm a chynhyrchiad theatr, radio a theledu dros ei yrfa hir a chyflwynodd 19 gwaith yn seremonïau Gwobr-au'r Academi rhwng 1939 a 1977. Roedd ei raglenni Nadolig yn 1970 a 1971 a ffilmiwyd o flaen milwyr yn Viet Nam ymysg y mwyaf poblogaidd erioed, gan gyrraedd 60% o holl wylwyr teledu'r UD

Arbenigai fel comedïwr mewn amseru perffaith, ei one-liners bachog a'i resi o jôcs cyflym. Roedd yn un o berfformwyr comedi mwyaf poblogaidd yr UD, gyda dilyniant selog ar draws y byd.

Phillip Anthony Hopkins, (1937-)

Enillodd yr actor byd-enwog o Gymro, Syr Anthony Philip Hopkins, ddau Academy Award (1992 a 1998), tri BAFTA, dau Emmy a Gwobr Cecil B DeMille. Cafodd seren ar Lwybr yr Enwogion, Hollywood yn 2003.

Fe'i ganed ym Margam ger Port Talbot, yn fab i Richard Arthur Hopkins, pobydd, ac Annie Muriel (née Yeates). Prin oedd ei ddiddordeb mewn addysg; gwell oedd ganddo baentio a chwarae'r piano, a chafodd ei yrru gan ei rieni i ysgol i fechgyn ym Mhontypŵl ac yna i Ysgol Ramadeg y Bontfaen.

Ysbrydolwyd Hopkins gan Richard Burton, a gyfarfu pan oedd yn 15 oed, a phenderfynodd fynd i Goleg Celf a Drama Caerdydd gan raddio oddi yno yn 1957. Yna, wedi dwy flynedd o wasanaeth milwrol aeth i'r Academi Frenhinol yn Llundain.

Ei ymddangosiad proffesiynol cyntaf ar lwyfan oedd yn y Theatr Fach, Abertawe yn 1960 a bu am rai blynyddoedd ar lwyfannau cyn cael gwahoddiad gan Laurence Olivier i ymuno â'r Theatr Genedlaethol yn Llundain. Aeth o nerth i nerth gan ennill enw da yn y West End.

Stamp Arfordir Ifori, 2009

Ond cafodd ddigon ar chwarae'r un rôl bob nos ac o 1964 ymlaen dechreuodd symud yn raddol o'r theatr i'r sgriniau mawr a bach. Ychydig iawn yr ymddangosodd ar lwyfan ar ôl 1989.

Gwnaeth argraff yn portreadu Richard the Lionheart yn *The Lion in Winter* yn 1968 dan gyfarwyddyd Richard Attenborough. Bu Attenborough yn gyfrifol am bump o ffilmiau Hopkins ac fe'i galwodd, 'yn ddi-gwestiwn, actor mwyaf ei genhedlaeth.' Serennodd mewn 30 o ffilmiau, ond heb os, ei lwyddiant mwyaf oedd actio'r canibal Hannibal Lecter yn *Silence of the Lambs* (1991) a *Hannibal* (2001).

Nid anghofiodd ei wreiddiau: yn 1991 daeth yn Llywydd cyntaf Apêl Eryri yr Ymddiriedolaeth Genedlaethol a chyfrannodd £1 miliwn yn 1998 at brynu 4,000 acer o'r Wyddfa i'r Ymddiriedolaeth.

Catherine Zeta-Jones, (1969-)

Ganed Catherine Zeta-Jones yn Nhreboeth, Abertawe, a'i magu yn y Mwmbwls. Roedd ei thad, David Jones, yn berchennog ffatri melysion, a'i mam, Patricia (née Fair), yn hanu'n wreiddiol o Iwerddon.

Yn blentyn bywiog iawn cafodd wersi dawns o bedair oed ymlaen gan serennu ar gyflwyniadau llwyfan ei hysgol yn canu a dawnsio ac ennill sawl cystadleuaeth dalent. Yn naw oed cafodd ran un o'r plant amddifad yn y sioe gerdd *Annie* yn y West End, Llundain, gan gymryd y brif ran mewn cynhyrchiad o'r sioe yn Theatr y Grand, Abertawe pan oedd yn 11 oed. Enillodd gystadleuaeth ddawnsio tap genedlaethol yn 13 oed a dwy flynedd wedyn cafodd y brif ran yn y sioe gerdd *Bugsy Malone*, eto yn y West End. Gadawodd yr ysgol heb eistedd ei Lefel O a symud i Lundain i ganolbwyntio ar yrfa actio llawn amser. Bu mewn coleg yn Chiswick yn astudio theatr gerddorol a chymryd rhannau mewn amryw o sioeau'r West End a gyda'r English National Opera.

Cafodd ran yn y ffilm *1001 Nights* (1990) ac yn y gyfres deledu *The Darling Buds of May* (1991-1993). Yn fuan wedyn, aeth i Hollywood i siawnsio ei lwc. Daeth i

Stamp Gweriniaeth Togo, 2019

sylw Steven Spielberg a'i hargymhellodd i gyfaill oedd yn cyfarwyddo *The Mask Of Zorro* (1998) lle cafodd y brif ran, gyferbyn â'r Cymro, Anthony Hopkins, cyn cael prif ran arall yn *Entrapment*, gyferbyn â Sean Connery (1999). Yn 2000, portreadodd gantores a dawnswraig yn *Chicago*, gan ennill nifer o wobrau am ei pherfformiad.

Yn 2000 hefyd priododd â'r actiwr Americanaidd Michael Douglas. Cawsant ddau o blant, Dylan (g. 2000) a Carys Zeta (g. 2003).

Cyfrannodd Catherine yn hael i elusennau rhyngwladol ac nid anghofiodd ei gwreiddiau, gan noddi Canolfan Longfield ar gyfer yr analluog yn Abertawe, a chefnogi Apêl atal cam-drin plant a lansiwyd yng Nghymru.

Herman Melville (1819-1891)

Os nad oedd gan Herman Melville gysylltiadau gyda Chymru na chwaith, yn ei ddydd, gyda'r byd ffilmio – bu farw cyn i'r diwydiant hwnnw ddod i fodolaeth – mae'n haeddu ei le yma am i'w nofel enwog, *Moby Dick*, a gyhoeddwyd yn 1851, ysbrydoli'r ffilm enwog o'r un enw yn 1956, dros ganrif yn ddiweddarach. Ffilmiwyd y rhan agoriadol ohoni yn Sir Benfro.

Nofelydd, bardd a sgwennwr straeon byrion oedd Herman Melville, ac er na chafodd *Moby Dick* dderbyniad gwresog pan y'i cyhoeddwyd gyntaf, erbyn hyn fe'i hystyrir yn un o nofelau mawr yr UD o ran ei phortread o'r berthynas anffodus a dinistriol rhwng dau gawr.

Treuliodd yr awdur flwyddyn a hanner, yn 1841-1842, yn un o griw llong hela morfilod yn ardal y Bahamas a'r Môr Tawel, gan ddod i nabod yr helwyr, eu gwaith a'u hanturiaethau'n dda. Bu hyn yn gaffaeliad mawr iddo wrth sgwennu ei gampwaith am obsesiwn a pherthynas y Capten Ahab â'r morfil mawr gwyn, Moby Dick. Ceisiai Ahab ddal a dial ar y morfil am ei fod, dipyn ynghynt, wedi brathu rhan o'i goes i ffwrdd. Gymaint oedd y parch tuag at Melville nes yr enwyd ffosil o forfil

anferth, un o gyndeidiau Moby Dick y nofel, yn *Livyatan melvillei* yn 2010.

Roedd y ffilm yn arloesol ei thechneg yn y dyddiau cyn-ddigidol yn y 1950au. Y Cyfarwyddwr oedd John Houston, gyda Gregory Peck yn chwarae rhan y Capten Ahab. Digwyddodd y ffilmio mewn gwahanol rannau o'r byd, yn cynnwys Madeira ac ynysoedd y Gran Canaria, tafarn yn Iwerddon a harbwr Abergwaun a Bae Ceibwr. Adeiladwyd modelau maint llawn o ben, cefn a chynffon Moby Dick, gyda safn a llygaid symudol, gan Gwmni Dunlop yn Stoke-on-Trent.

Stamp Ynys Manaw yn dangos Captain Ahab a'r morfil gwyn, 2019

Ingrid Bergman (1915-1982)

Cafodd yr actores enwog o Sweden, Ingrid Bergman, yrfa doreithiog mewn ffilmiau, theatr ac ar raglenni teledu a radio am bron i hanner canrif, gan ennill llawer o wobrau am ei gwaith.

Pan benderfynodd Cwmni 20th Century Fox ffilmio *Inn of the Sixth Happiness*, Bergman a ddewiswyd i chwarae'r brif ran, oedd yn seiliedig ar hanes gwir a rhyfeddol Gladys Aylward yng ngogledd Tsieina. Roedd Gladys yn gweithio gyda chenhadon yn Yang Cheng yn y blynyddoedd cythryblus cyn yr Ail Ryfel Byd. Yn ystod ymosodiad ar y dref gan luoedd Japan cafodd ei hun yn gyfrifol am gant o blant amddifad a phenderfynodd eu harwain dros 200 milltir drwy'r mynyddoedd i ddiogelwch. Llwyddodd i wneud hynny gan osgoi milwyr Japaneaidd sawl gwaith: siwrnai arwrol.

Saethwyd y ffilm yn Eryri a daeth cant o blant o wahanol fwytai Tsieineaidd yn Lerpwl i gymryd rhan. Golygfeydd hardd mynydd-dir Eryri sy'n gefndir i'r ffilm, sy'n cynnwys Cwm Bychan yn y Rhinogydd, Dyffryn Maentwrog, ardal Beddgelert a Chwm Bychan ger Nanmor.

Stampiau Sweden, 2015

Codwyd sawl adeilad ffug, neu eu hwynebau o leiaf, wedi eu dal i fyny gan sgaffaldiau coed, i greu argraff o Tsieina, gan gynnwys caer fawr yng Nghwm Bychan, Nanmor. Roedd cryn wrthwynebiad yn yr ardal gan gyn-filwyr fu'n ymladd y Japaneaid ychydig dros ddeng mlynedd ynghynt, pan hedfanodd awyrennau Zero Japaneaidd i fyny dros Forfa Glaslyn i ymosod a thanio ar y 'gaer' hon.

Ar ddiwedd y ffilmio aeth rhan o un o ddrysau mawr pren y gaer yn ddrws garej i dŷ cyfagos ac aeth y ddelw fawr euraidd o'r Bwdha welwyd mewn teml yn y ffilm i Bortmeirion. Fe'i gwelir yno hyd heddiw dan gwfl o waith carreg ar ochr y ffordd i lawr i'r pentref.

Gwleidyddion

Charles Evans-Hughes
(1862-1948)

Ganed Charles Evans Hughes yn Glen Falls, Talaith Efrog Newydd, a gallai siarad Cymraeg ryw gymaint. Un o Arfon oedd ei hen daid, Nathan Hughes, cyn symud i Goleg Trefeca ddiwedd y 18fed ganrif. Yno y ganed ei fab, David Charles Hughes, a ymfudodd i'r UD gan ddod yn weinidog ar gapel y Bedyddwyr, Glen Falls, Efrog Newydd a phriodi â Mary (née Connelly).

Aeth eu mab, Charles Evans Hughes, i astudio'r gyfraith a dod yn fargyfreithiwr a gwleidydd talentog. Ceisiodd ddiwygio'r drefn economaidd yn yr UD ac ymladdodd yn erbyn llygredd ym myd busnes. Daeth yn Llywodraethwr dinas Efrog Newydd (1907-1910) a safodd ar ran y Gweriniaethwyr yn etholiad Arlywyddol yr UD yn 1916 yn erbyn y Democrat Woodrow Wilson. Ond collodd o drwch blewyn.

Daeth yn Ysgrifennydd Gwladol yr UD (1921-1925) a mynegodd ei farn yn eglur o blaid hawliau merched a'r difreintiedig, yn enwedig ymhlith y lleiafrifoedd mewn dinasoedd ledled America.

Fe'i penodwyd yn Uwch-Farnwr i'r Llys Cyfiawnder Rhyngwladol (1928-1930), yn Brif Farnwr yr UD (1930-1941), ac roedd yn awdur sawl llyfr ar wleidyddiaeth a chyfraith. Credai'n angerddol y dylai'r Tŷ Gwyn a'r Llys

Dathlu canmlwyddiant geni Charles Evans-Hughes, 1962

Goruchaf fod yn annibynnol ar ei gilydd i geisio sicrhau na fyddai'r gyfraith a gwleidyddiaeth yn dylanwadu gormod ar ei gilydd.

Priododd â Antoinette Carter yn 1888, a chawsant bedwar o blant. Un ohonynt oedd Elizabeth a ddioddefai o'r clefyd melys. Pan ddarganfuwyd yng Nghanada yn 1922 sut i gynhyrchu inswlin, un o'r cleifion cyntaf i'w dderbyn oedd Elizabeth Hughes. Bu'r driniaeth yn wyrthiol: bu iddi atgyfnerthu a byw am 59 mlynedd hefo'r aflwydd. Yng Nghymru rhoddir Medal Inswlin Gymreig Elizabeth Evans Hughes i bob Cymro neu Gymraes a dderbyniodd inswlin am hanner can mlynedd neu fwy.

Hillary Diane Rodham Clinton (1947-)

Roedd Hannah Jones (1882-1952), nain Hillary D. R. Clinton, yn ferch i löwr, John H Jones (1836-?) a Mary (née Griffiths) (1839-?) ac yn un o 14 plentyn yn byw yn Ystradyfodwg, y Rhondda, cyn iddynt ymfudo i Bensylfania. Yno, priododd Hannah â Hugh Simpson Rodham (1879-1965). Mab iddynt oedd Hugh Ellsworth Rodham (1911-1993) a briododd â Dorothy Emma Howell (1911-2011). Roedd hithau o dras Cymreig ar ochr ei thad, Edwin John Howell (1897-1946), a ymfudodd i'r UD o Fryste.

Ganed Hillary D. Rodham yn Chicago, Illinois yn 1947 a phriododd â William Jefferson (Bill) Clinton yn 1975. Bill Clinton oedd 42fed Arlywydd yr UD am ddau dymor, rhwng 1993 a 2001, a hithau'n 'First Lady'. Roedd Hillary yn wleidydd, diplomydd, cyfreithwraig ac awdures o fri. Fe'i hetholwyd i Senedd America dros Efrog Newydd (2001-2009). Yna, yn ystod 2009-2013, hi oedd 67fed Ysgrifennydd Gwladol yr UD o dan Barack Obama.

Cynigiodd am yr Arlywyddiaeth ddwywaith dros y Democratiaid – yn gyntaf yn 2008, ond y tro hwnnw Barack

Stamp Gweriniaeth Canolbarth Affrica, 2016

Obama a ddewiswyd ac a etholwyd yn Arlywydd am ddau dymor, rhwng 2008 a 2016. Enillodd yr enwebiad ar yr ail gynnig, yn 2016, ond y dyn busnes a'r personoliaeth deledu Donald Trump a etholwyd yn Arlywydd, ar ran y Blaid Weriniaethol. Yn yr etholiad hwnnw, er iddi ennill y mwyafrif o'r bleidlais gyhoeddus (65 miliwn o bleidleisiau), fe gollodd yn y 'coleg etholiadol' sydd, dan y drefn Americanaidd, â'r gair olaf.

Yn 2017 cyflwynwyd doethuriaeth iddi gan Brifysgol Abertawe am ei gwaith dros hawliau teuluoedd a phlant drwy'r byd a thra ar ei hymweliad â Chymru y flwyddyn honno cafodd hi a Bill ei gŵr gyfarfod â nifer o'i pherthnasau coll Cymreig.

Dathlu campwaith cerflun efydd Fredric Remington yn portreadu'r Brodyr James, 1962

Y Brodyr James: Frank (1843-1915) a Jesse (1847-1882)

Roedd Frank, Jesse, a'u chwaer Susan yn blant i Robert James a Zerelda Cole Simms, ac yn byw ar fferm yn Swydd Clay, Missouri. Ymfudodd y teulu James o sir Benfro i Bensylfania yn y 18fed ganrif.

Yn 1850 cefnodd Robert James ar ei deulu a mynd i'r cloddfeydd aur yng Nghaliffornia, lle bu farw o'r niwmonia. Ailbriododd Zerelda yn 1852 ac yna am y trydydd tro yn 1855.

Yn y Rhyfel Cartref, meddiannwyd y fferm gan filwyr yr Undeb. Drylliwyd y lle'n yfflon a chafodd Jesse ei guro'n ddidrugaredd gan y milwyr. O ganlyniad, yn 17 mlwydd oed, ymunodd Jesse, Frank, a'u cefnder Cole Younger â herwfilwyr Cydffederal i ymosod ar y lluoedd Undebol gan symud yn gyflym o un man i'r llall.

Ar ddiwedd y Rhyfel Cartref, a hwythau wedi colli'r cyfan o'u tiroedd, daliodd y tri ati i ladrata a ffurfiwyd giang o herwyr a ddaeth yn enwog am eu hymosodiadau beiddgar ar fanciau a threnau. Cawsant eu beio ar gam am lu o droseddau a gyrrai Jesse lythyrau i'r Wasg i achub eu cam. Gyda phob llythyr tyfai'r rhamant, nes ystyriai rhai eu bod yn herwyr cyfiawn!

Ddiwedd 1881 cefnodd Frank ar yr holl ladrata a chymerodd Jesse herwyr eraill yn ei le. Un o'r rhain oedd Robert Ford, ond roedd llygad Ford ar y wobr o $10,000 am ddal y brodyr yn fyw neu'n farw. Yn Ebrill 1882, saethodd Robert Ford Jesse yn ei gefn a'i ladd.

Ildiodd Frank i'r Awdurdodau, ond ni chafodd ei garcharu a dychwelodd i fyw a gweithio ar y fferm gartref. Dechreuodd ddofi, a hyfforddi ceffylau, a chymrodd ef a'i gefnder Cole Younger ran yn Sioe'r Gorllewin Gwyllt.

Bu farw Frank yn heddychlon yn ei wely yn 1915.

Henry (Harri) Morgan (c.1635-1688)

Ganed Henry Morgan yn Neuadd Llanrhymni ger Caerdydd i deulu o uchelwyr dylanwadol. Ymunodd ag ymgyrch Cromwell yn 1654 yn erbyn y Sbaenwyr yn y Caribî gan gymryd rhan mewn sawl ymosodiad. Sefydlodd ei hun yn Jamaica, oedd dan reolaeth ei ewythr y Cyrnol Edward Morgan ar y pryd. Yn 1661 daeth yn gapten ar ei long ei hun a chafodd drwydded i weithredu fel preifatîr neu herwlongwr, h.y. gyda'r hawl i ysbeilio llongau gwledydd yr ystyrid eu bod yn elynion.

Buan y dangosodd Morgan allu tactegol a dewrder rhyfeddol mewn ymgyrchoedd yn erbyn y Sbaenwyr yng Nghiwba, Mecsico, Hondiwras a Grenada ac fe'i cydnabuwyd gan yr herwlongwyr eraill fel eu Llyngesydd.

Un o amodau'r drwydded oedd y byddai'n rhaid rhannu cyfran o'r ysbail gyda'r Goron. Tra'n derbyn hyn roedd Morgan yn ŵr busnes da, yn llogi gwasanaeth môr-ladron go iawn i ymuno mewn ymgyrchoedd 'cyfreithlon' (!) yn erbyn y Sbaenwyr. Gallod sicrhau hefyd nad oedd rhaid rhannu â'r Goron pan ymosodai ar dref neu borthladd, a olygai elw llawer uwch na thrwy ysbeilio llongau.

Stamp St Christopher Nevis Anguilla a gyhoeddwyd yn 1970

Cafodd Morgan lwyddiant aruthrol a heidiai morladron o sawl gwlad ato. Cymerodd drefi Maracaibo a Cartagena, ond ei lwyddiant mwyaf oedd ei gyrch beiddgar pan groesodd drwy goedwigoedd trwchus gwddf Panama gyda 1,200 o ddynion a chymryd dinas gyfoethog Panama. Roedd hyn yn groes i gytundebau rhwng Lloegr a Sbaen ac o ganlyniad arestiwyd Morgan yn 1672 a'i gludo i Lundain i sefyll ei brawf. Ond roedd yn gymaint o arwr cenedlaethol erbyn hynny, fel y cafodd ei urddo'n Farchog yn hytrach na'i gosbi. Rhoddwyd llong newydd iddo a'i apwyntio yn Llywodraethwr Jamaica yn 1675.

Harri Morgan oedd y preifatîr mwyaf llwyddiannus erioed ac, yn wahanol i'r gweddill, bu farw yn ei wely yn 1688 yn hytrach nag ar y crocbren.

Barti Ddu (1682-1722)

Os mai Harri Morgan oedd y preifatîr mwyaf llwyddiannus, yna Barti Ddu oedd y môr-leidr mwyaf beiddgar. John Roberts oedd ei enw bedydd ac roedd yn fab i ffermwr tlawd yng Nghasnewydd Bach, gogledd Penfro. Aeth i'r môr yn 13 oed.

Pan ddaliwyd ei long gan y môr-leidr Hywel Davies o Aberdaugleddau yn 1719, ymunodd Roberts ag ef. Ond yn fuan wedyn lladdwyd Hywel Davies oddi ar orllewin Affrica ac etholwyd Roberts yn gapten gan y criw. Cymerodd yr enw Bartholomew a chychwynnodd ar yrfa hynod lwyddiannus, ond byr, fel môr-leidr.

Ysbeiliodd longau o'r Iseldiroedd a Lloegr cyn croesi i arfordir Brasil. Yno penderfynodd ymosod ar lynges o 42 llong drysor yn harbwr Salvador wrth iddynt baratoi i groesi i Bortiwgal. Hwyliodd dan faner Portiwgal i'w canol ac yn y nos meddiannodd y ddwy long fwyaf a chyfoethocaf a dianc i'r môr cyn i'r llongau rhyfel oedd yn eu gwarchod sylweddoli beth oedd wedi digwydd.

O hynny allan gwisgai Barti Ddu ddillad o sidan coch llachar efo pluen estrys goch yn ei het. Roedd yn uchel iawn ei barch gan ei griw ac roeddent yn barod i dderbyn ei reolaeth lem arnynt. Dim meddwi (roedd Barti yn llwyr ymwrthodwr), pawb i'w gwelyau erbyn 8.30 a gwasanaeth crefyddol ar y Sul.

Bu'n ysbeilio llongau mawr a bach gan ymosod ar borthladdoedd ar hyd arfordir gogledd America, gorllewin Affrica a'r Caribî.

Stamp a gyhoeddwyd yn 1970

Llwyddodd i gymryd 400 o longau i gyd, mwy nag unrhyw fôr-leidr arall. Ond yn 1722 oddi ar orllewin Affrica daeth dwy long ryfel Brydeinig, oedd wedi bod yn chwilio amdano ers amser, ar ei draws. Ymosododd yntau arnynt, ac yn y frwydr a ddilynodd lladdwyd Roberts. Taflodd y criw ei gorff i'r môr rhag i'r Prydeinwyr ei arddangos fel troffi.

Llongau

Y *Mimosa*

Y *Mimosa* oedd y llong a gludodd 160 o Gymry i Batagonia yn 1865 i sefydlu

Stampiau Post Cymru a'r Ariannin, 1965

Gwladfa Gymreig. Cliper tri mast, 500 tunnell, a adeiladwyd yn Aberdeen ac a lansiwyd yn 1853 oedd hon. Bu'n cario te o Tsieina a siwgwr o Frasil ond cafodd ei haddasu i gario pobl ar gyfer y siwrnai i dde America.

Deuai'r ymfudwyr o bob rhan o Gymru a hwyliodd y *Mimosa* o Lerpwl ar Fai 28ain, 1865. Teithiodd am ddau fis cyn glanio ym Mhorth Madryn ar Orffennaf 28ain, wedi mordaith o 7,000 o filltiroedd. Heblaw am storm oddi ar ogledd Môn, cafwyd taith hwylus, ond roedd yr amodau'n galed iawn. Bu farw pump o blant ifanc a ganwyd dau cyn cyrraedd pen y daith.

Gweledigaeth Michael D. Jones oedd sefydlu Gwladfa Gymreig ym Mhatagonia, lle byddai'r Gymraeg yn iaith bob agwedd o fywyd, yn cynnwys cyfraith, masnach a gweinyddiaeth. Rhoddodd llywodraeth yr Ariannin dir iddynt ar lan afon Camwy i sefydlu cymdeithas hollol Gymraeg fyddai'n ddihangfa iddynt o'r caledi gartref

a gorthrwm y landlordiaid.

Tir go anial oedd yn eu disgwyl a bu raid iddynt lochesu mewn ogofâu ar y traeth ar y cychwyn. Cymerodd rai blynyddoedd iddynt gael eu traed danynt a bod mewn sefyllfa i groesawu mwy o fewnfudwyr Cymreig. Ymhen amser symudodd rhai o'r Cymry o Ddyffryn Camwy i Gwm Hyfryd yn yr Andes i fagu gwartheg a defaid.

Erys Llywodraeth yr Ariannin yn ddiolchgar iawn i'r Cymry am droi anialdir rhannau helaeth o Ddyffryn Camwy yn dir cynhyrchiol. I ddathlu canmlwyddiant glaniad y *Mimosa* cyhoeddodd yr Ariannin stamp arbennig yn 1965 ond gwrthod wnaeth Swyddfa Bost Prydain. O ganlyniad cyhoeddodd Gwasg y Lolfa stamp answyddogol sydd, fel stamp yr Ariannin, yn portreadu llong enwog y *Mimosa*.

Y *Titanic*

Adeiladwyd y *Titanic* yn iard longau Harland & Wolf, Belfast ar gyfer Cwmni'r White Star Line. Dyma'r llong fwyaf yn y byd ar y pryd, yn 269 metr o hyd, ac arni fesurau diogelwch blaengar megis adrannau mewnol fyddai'n atal dŵr rhag ymledu. Ond dim ond 20 o fadau achub oedd arni, digon i tua hanner y teithwyr a'r criw. Roedd arni 10 o deithwyr o Gymry a chwech ymysg y criw.

Gadawodd Southampton ar ei hunig fordaith ar Ebrill y 10fed, 1912, ond ni chyrhaeddodd ben ei thaith yn Efrog Newydd oherwydd ar y 14eg o Ebrill tarodd fynydd iâ enfawr yn y niwl, wnaeth ei rhwygo ar ei hyd gan chwalu cyfres hir o'r adrannau atal dŵr a oedd i fod i wneud y llong yn ansuddadwy.

Cymerodd y *Titanic* ddwy awr a deugain munud i suddo ac o'r 2,224 oedd ar ei bwrdd bu farw 1,571, nid pob un drwy foddi ond o oerfel. Roedd y dŵr mor oer nes na allai neb oroesi mwy na hanner awr ynddo. Un o arwyr mawr y drychineb oedd Harold Godfrey Lowe (1883-1944) o'r Bermo, Pumed Mêt ar y llong ac yn gyfrifol am fad achub rhif 14. Wedi rhwyfo i ddiogelwch casglodd Lowe y badau at ei

Stampiau Ynys Ascension, 2012

gilydd a throsglwyddwyd pobl o un i'r llall i gael niferoedd mwy cytbwys. Yna rhwyfodd yn ôl i achub mwy – yr unig un i wneud hynny.

Ymhen rhai oriau daeth y *Carpathia*, oedd wedi derbyn neges SOS ar y ddyfais newydd, radio, i'w hachub. Pan ddychwelodd Lowe i'r Bermo ym Mehefin 1912, fe'i croesawyd fel arwr. Ceir plac i'w goffáu ar y cei yn y Bermo ac un arall yn Neganwy, lle bu'n byw ar ôl ymddeol.

Y *Satisfaction*

Llong Harri Morgan

Bu Harri Morgan yn gapten ar fwy nag un llong yn ystod ei yrfa hir fel herwlongwr, gyda thrwydded i ysbeilio llongau gelynion Lloegr. Ond ei fanerlong enwocaf oedd y *Satisfaction*. Hon oedd y fwyaf yn y llynges o herwlongau yr oedd yn Llyngesydd arnynt, ac ef oedd ei chapten yn ystod amryw o'r brwydrau yn erbyn y Sbaenwyr yn y Caribî a chanolbarth America.

Llong Ffrengig, *Le Cerf Volant* oedd y Satisfaction cyn i Morgan ei dal, ei hailenwi a'i defnyddio at ei ddibenion ei hun wedi i'w long flaenorol, yr Oxford, ffrwydro'n ddamweiniol pan aeth gwreichionyn i'w storfa bowdr yn 1669.

Yn y *Satisfaction* yr hwyliodd Morgan yn un o'i gyrchoedd mwyaf beiddgar, yn arwain 29 herwlong Brydeinig, yn cynnwys y *Dolphin* dan y Capten John Morris, ac wyth herwlong Ffrengig, i gipio Panama, tref gyfoethocaf yr Americas, yn 1671. Ond ar gychwyn y cyrch, wrth ymosod ar gaer fawr Castillo de San Lorenzo, yn aber Afon Chagres i'r gogledd o Banama, collodd Morgan bump llong ar rîff y Lagas gerllaw mewn storm, yn cynnwys y *Satisfaction*.

Yn 2011, 340 mlynedd yn ddiweddarach, darganfuwyd gweddillion y

Stamp British Virgin Islands, 1970

Satisfaction gan archeolegwyr morol ar wely'r môr ger y rîff. Denodd hyn gryn sylw ar y pryd ond bu bron iddynt orfod rhoi'r gorau i'r gwaith oherwydd diffyg arian. Yna, ar y funud olaf, daeth nawdd gan y cwmni sy'n cynhyrchu Rỳm Captain Morgan i'r adwy a gallwyd parhau â'r cloddio. Codwyd sawl canon a blychau metel, gwag gwaetha'r modd, o wely'r môr gerllaw. Gobaith y cwmni rỳm oedd cael gafael ar botel neu olion casgen rỳm – y rỳm Capten Morgan gwreiddiol. Ni lwyddwyd hyd yn hyn ond mae'r cloddio yn dal i fynd ymlaen.

HMS *Prince of Wales*

Enwyd chwech o longau'r Llynges Brydeinig yn *Prince of Wales* a chafodd y seithfed, llong enfawr i gario awyrennau, ei chomisiynu yn 2020. Bu hefyd amryw o longau masnach yn dwyn yr enw a dwy long arfog i'r Gwasanaeth Tollau fu'n ceisio atal smyglo ddechrau'r 19eg ganrif. Cyhoeddwyd stamp gan Ynys Sant Lucia i goffáu rhan y *Prince of Wales* gyntaf mewn brwydr ger yr ynys yn 1778.

Adeiladwyd yr *HMS Prince of Wales* honno yn Aberdaugleddau a'i lansio yno ym Mehefin 1765. Roedd arni 74 o ynnau a hi oedd banerlong y Llyngesydd Samuel Barrington dan gapteiniaeth y Capten Benjamin Hill.

Roedd Ffrainc, oedd wedi ochri â'r Americanwyr adeg eu rhyfel annibyniaeth, yn ymosod ar ac yn meddiannu trefedigaethau'r Prydeinwyr yn y Caribî. I atal hyn hwyliodd confoi o longau rhyfel a 5,000 o filwyr Prydeinig dan yr Uwchfrigadydd Grant i Barbados, a chyrraedd ddechrau Rhagfyr 1778. Oddi yno, yng nghwmni'r Llyngesydd Barrington, ymosodwyd ar ynys Sant Lucia oedd ym meddiant y Ffrancwyr ar y pryd. Roedd gan y Prydeinwyr ddeg llong ryfel,

Stamp Saint Lucia, 1973

yn cynnwys *HMS Nonsuch* dan y Capten o Gymro Walter Griffith. Glaniwyd y milwyr ar y 13eg a'r 14eg o Ragfyr, ychydig oriau cyn i lynges Ffrainc, oedd yn cynnwys 16 o longau arfog dan y Llyngesydd d'Estaing a 7,000 o filwyr, gyrraedd.

Bu raid i Barrington drefnu ei longau'n gyflym ar gyfer y frwydr. Erbyn hyn roedd gynnau ar y lan yn gymorth iddo ac er i'r Ffrancwyr ymosod ddwywaith methiant fu eu hymdrech. Symudodd d'Estaing i lanio ei filwyr yn y bae nesa, ond eto, am fod gynnau Prydeinig ar y tir uchel gerllaw, methodd ei ymgais. Hwyliodd ymaith, a daeth yr ynys yn drefedigaeth Brydeinig hyd iddi ennill ei hannibyniaeth yn 1979.

Y *Criccieth Castle*

Adeiladwyd y llong haearn hon, wedi ei rigio'n llawn â hwyliau, yn Workington, Cumbria a'i lansio ym Mawrth 1887 dan yr enw *Silverdale*. Yn 1889 fe'i prynwyd gan gwmni y *Criccieth Castle Ship Co.* a'i hail-enwi yn *Criccieth Castle*. Bu'n masnachu ar draws y byd am flynyddoedd cyn penodi'r Capten Robert Thomas yn gapten arni yn 1905. Bu'n brentis llongwr arni yn 1893, ond ni chafodd lwc dda fel ei chapten, fel y gwelwn.

Ar ei ail fordaith arni fe ddifrodwyd y llong gan seiclon ger Ynys Norfolk ym Mehefin 1906. Fe'i trwsiwyd yn Ne Cymru Newydd cyn hwylio i Valparaiso, Chile lle bu daeargryn enbyd a laddodd filoedd ar y tir. Wrth lwc, nid effeithiwyd ar y *Criccieth Castle* a llongau eraill.

Dychwelodd i Gymru a llwytho glo i Tocopilla, Chile, ond wrth rowndio'r Horn dechreuodd y cargo fudlosgi. Trowyd yn ôl i Montevideo tra codai stêm a mwg o'r cargo, a gwyntoedd cryfion yn gwneud pethau'n anodd. Ail-lwythwyd y glo ac ailgychwynnwyd, gan redeg i stormydd enbyd wrth fynd a dychwelyd o Chile, a cholli ei mastiau. Bu ei thair mordaith nesaf yn ddidrafferth.

Stamp y Malvinas, 1989

Ond ar ei mordaith nesaf, wrth ddychwelyd o Periw efo llwyth o giwano, wynebodd storm fawr arall oedd, y tro hwn, yn ormod iddi. Roeddent 180 milltir i'r gogledd o'r Malvinas ac yn suddo. Llwyddodd y criw o 23, y capten, ei wraig, a'u mab bach pedair oed i fyrddio dau gwch. Collwyd y cwch lleiaf, efo saith o ddynion arno, ac anelodd y cwch mwyaf am y Malvinas, gan gyrraedd Cape Pembroke ger Porth Stanley ymhen pythefnos. Bu farw wyth o'r morwyr ond, ddeufis yn ddiweddarach, ganed merch fach i wraig y capten. Erys y cwch ym Mhorth Stanley, i goffáu'r fordaith erchyll.

Gwasanaeth Fferi Cymru-Iwerddon

Yn dilyn Deddf Uno Iwerddon a Phrydain yn 1800 roedd llywodraeth Llundain yn awyddus i gryfhau'r cyswllt a dewiswyd Caergybi fel safle'r porthladd i gysylltu Llundain â Dulyn. Adeiladodd Telfford ffordd yr A5 a Phont Menai erbyn 1828 fel rhan o'r cynllyn a gosodwyd y rheilffordd drwy Bont y 4 llew tew erbyn dechrau'r 1840au i'r un pwrpas. Dros y blynyddoedd tyfodd Caergybi i fod yn un o borthladdoedd pwysicaf gwledydd Prydain.

Dathlu 100mlwyddiant croesiad Rosslare-Abergwaun, 2006

Rhedai sawl cwmni longau fferi rhwng Dulyn a Chaergybi yn cynnwys y City of Dublin Steam Packet Co. rhwng 1823 a 1924 a'r British & Irish Steam Packet Co. rhwng 1836 a 1992. Erbyn hyn y Stena Line yw'r amlycaf, cwmni o Sweden a ddechreuodd redeg gwasanaethau Rosslare-Abergwaun a Dulyn-Caergybi ar longau modern a chyflym o'r 1990au ymlaen.

Yn y de, Hwlffordd oedd y prif borthladd i gysylltu ag Iwerddon nes cyrhaeddodd y rheilffordd o Paddington i Abergwaun ddiwedd y 19eg ganrif ac y cwblhawyd y rhwydwaith rheilffyrdd yn Wexford i gludo teithwyr i Ddulyn i'r gogledd a Waterford, Cork a Limerick i'r gorllewin. Uwchraddiwyd porthladd Abergwaun yn sylweddol a chodwyd porthladd a thref hollol newydd yn Rosslare. Dechreuodd y gwasanaeth fferi rhwng y ddau borthladd yn 1906 a thyfodd Rosslare yn aruthrol yn yr 1980au-1990au i fod yn Europort sylweddol ac yn un o borthladdoedd prysuraf Iwerddon. Mae'n debyg y bydd yn bwysicach eto yn y dyfodol, ar draul Caergybi, wrth i nwyddau gael eu trosglwyddo yn syth i Ffrainc.

Yn 1986 cyhoeddwyd dau stamp i ddathlu 150 mlwyddiant gwasanaeth fferi B&I ac yn 2006 dau arall i ddathlu 100 mlwyddiant gwasanaeth Abergwaun-Rosslare. Nid oedd yr hawl gennym i gyhoeddi stampiau cyfatebol Cymreig.

RMS Leinster

Llong bost a fferi Wyddelig a deithiai rhwng Dún Laoghaire a Chaergybi oedd yr *RMS Leinster* ac roedd yn eiddo i'r City of Dublin Steam Packet Company. Fe'i hadeiladwyd gan Gwmni'r Brodyr Laird, Penbedw a'i lansio yn 1896. Daeth i ddiwedd ei hoes pan y'i suddwyd gan dorpidos o'r llong danfor Almaenig U-123 yn Hydref, 1918 ar ei ffordd am Gaergybi.

Roedd arni 694 o deithwyr, yn cynnwys 493 o aelodau o luoedd arfog Prydain a nyrsys o wledydd Prydain, Iwerddon, Awstralia, Seland Newydd a'r UD, a 77 o griw, yn cynnwys 22 o weithwyr post yn dosbarthu llythyrau.

Ychydig cyn 10.00 y bore, ychydig filltiroedd i'r dwyrain o Dún Laoghaire ac ar ddiwrnod gweddol stormus, fe'i trawyd gan dorpido yn ei phen blaen ac fel y ceisiai ei chapten, Capten Birch, ei throi yn ôl am ddiogelwch yr harbwr, fe'i trawyd eto – yn ystafell yr injan y tro hwn. Bu ffrwydrad enfawr a suddodd y *Leinster* yn gyflym gyda cholled o 568 o fywydau. Un o'r rhai a foddwyd oedd y capten, oedd wedi ei glwyfo yn yr ymosodiad, pan drodd y bad achub yr oedd ynddo yn y storm cyn i *HMS Lively* gyrraedd i'w hachub.

Stamp i goffáu'r RMS Leinster, 2008

Roedd pump o'r rhai a gollwyd o Gymru a thros yr wythnosau nesaf golchwyd rhai cyrff i'r glannau ym Manaw, yr Alban a gogledd Cymru. Dyma'r golled forwrol fwyaf i ddigwydd ym Môr Iwerddon, mwy hyd yn oed na llongddrylliad y Royal Charter ger Moelfre yn 1859 pan foddwyd 450 o bobl.

Saif angor yr *RMS Leinster* yn gofeb ger Dún Laoghaire i'r rhai a gollwyd ac yn 2008 cyhoeddodd Gweriniaeth Iwerddon stamp i goffáu'r drychineb a'r golled o 21 o staff y Swyddfa Bost.

Mathemategwyr

Robert Recorde (1510-1558) a'r arwydd =

Ganed Robert Recorde, y mathemategwr pwysicaf gynhyrchodd Cymru erioed, yn fab i fasnachwr yn Ninbych-y-pysgod. Llwyddodd i fynd i Rydychen ac yna i Gaergrawnt i astudio meddygaeth, ond tynnodd ei ddawn â ffigyrau sylw'r goron ac fe'i penodwyd i ofalu am y bathdai brenhinol ym Mryste, Llundain a Dulyn, ac yn uwch-reolwr y gwaith mwyngloddio arian yn Iwerddon.

Cymeriad pwerus a oruchwyliai waith Recorde oedd Iarll Penfro. Ond daeth Recorde i amau bod yr Iarll yn cadw peth o elw'r bathdai iddo'i hun ac fe'i cyhuddodd o hynny. Daeth Penfro â chyhuddiad o enllib yn erbyn Recorde ac am iddo fethu talu'r ddirwy o £1,000 (tua £300,000 heddiw) fe'i carcharwyd. Daliodd haint yn y carchar a bu farw ychydig fisoedd yn ddiweddarach yn 1558. Yn 1570 ailaseswyd cyfrifon y bathdai a gwelwyd bod cyhuddiad Recorde yn erbyn Iarll Penfro yn gywir wedi'r cyfan. Roedd yn rhy hwyr erbyn hynny yn naturiol, ond trefnwyd iawndal i'w deulu yn Ninbych-y-pysgod.

Stampiau Hong Kong 2020 gydag un yn dangos arwydd Recorde

Cyhoeddodd Recorde lyfrau ar feddyaeth, seryddiaeth a mathemateg oedd yn hawdd eu deall, yn Saesneg. Lladin oedd y cyfan cynt, a olygai mai dim ond y breintiedig gawsai'r budd. Anelodd ei gyfrolau ar rifyddeg, geometreg ac algebra (a gyhoeddwyd rhwng 1551 a 1557) nid yn unig at ysgolheigion ond hefyd at greffftwyr cyffredin, fel y saer a'r teiliwr, oedd angen deall mathemateg a geometreg syml.

Yr hyn y'i cofir amdano'n bennaf heddiw yw mai ef ddyfeisiodd y symbol '=' i olygu 'yn hafal'. Gynt, ysgrifennid hyn fel 'is equalle to', ond teimlai bod hynny'n drwsgl. Felly, yn ei lyfr algebra yn 1557, y cyntaf erioed yn Saesneg, defnyddiodd ddwy linell gyflin ac o'r un hyd â'i gilydd, oherwydd 'ni cheid dau beth mwy cyfartal'.

William Jones (1674-1749) a'r arwydd π

Y Groegwr Archimedes oedd y cyntaf i ddefnyddio fformiwlâu mathemategol i esbonio siapiau fel cylch, sffêr a chôn. Dibynna'r fformiwlâu hyn i gyd ar rif arbennig iawn sy'n hanfodol i ddisgrifio siâp crwn neu grwm (curved), sef 3.141592... gyda'r ffracsiwn yn mynd yn ei flaen am byth!

William Jones (1674-1749) mathemategydd di-goleg o Fôn, a awgrymodd symbol arbennig i gynrychioli rhif Archimedes, sef y llythyren Roegaidd π (pai). Dewiswyd π ganddo am nad yw'n bosib dangos y rhif cyflawn am ei fod yn mynd ymlaen am byth. Symbol amdani felly, a π am mai dyma lythyren gyntaf y gair Groegaidd am 'perimedr' (ymyl cylch). Erbyn hyn mae pob disgybl uwchradd yn gyfarwydd â π o'u gwersi mathemateg.

Ond pwy oedd William Jones? Fe'i ganed ym mhlwyf Llanfihangel Tre'r-beirdd cyn i'r teulu symud i Lanfechell ddwy filltir i ffwrdd. Yn yr ysgol yno daeth ei ddoniau mathemategol i sylw'r teulu Bulkeley a drefnodd iddo fynd i Lundain lle cafodd ei gyflogi fel cyfrifydd ac yna, yn 20 oed, ar long ryfel i roi gwersi ar fathemateg mordwyo i'r criw. Cyhoeddodd lyfr ar y pwnc yn 1702.

Yn 1706 cyhoeddodd ei waith pwysicaf, sef

Stamp yn dangos arwydd pei

ei *Synopsis* o gyflwr mathemateg ei gyfnod. Ynddo mae'r arwydd π am rif Archimedes yn ymddangos am y tro cyntaf i ddynodi cymhareb (ratio) cylch i'w ddiamedr. Yn sgil cyhoeddi'r *Synopsis* daeth William Jones yn gyfaill i brif fathemategwyr Prydain ar y pryd, sef Edmund Halley, yr enwyd comed ar ei ôl, a Syr Isaac Newton. Etholwyd William Jones yn Gymrawd o'r Gymdeithas Frenhinol (FRS) yn 1711 a daeth yn aelod dylanwadol o'r sefydliad gwyddonol.

Yn 2019 penodwyd Mawrth 14 (π = 3.14...) yn Ddiwrnod Rhyngwladol π gan UNESCO i ddathlu a chael hwyl mathemategol, a bwyta sawl pei!

Milwyr a Rhyfeloedd

Lifrai milwrol

Yn y 1970au cyhoeddodd Gibraltar stampiau yn portreadu gwisgoedd milwrol a bathodynnau'r catrodau Prydeinig fu yno ers i'r penrhyn strategol hwn gael ei feddiannu oddi ar Sbaen yn 1704. Caiff dwy gatrawd Gymreig sylw: y South Wales Borderers a'r Royal Welch Fusiliers.

Yn 1689 y sefydlwyd y 24th Regiment of Foot, oedd â'i phencadlys yn Aberhonddu ac oedd yn recriwtio milwyr o siroedd Mynwy, Brycheiniog a Henffordd, cyn ei hailenwi yn South Wales Borderers yn 1881. Yn 1969 fe'i hunwyd â'r Welch Regiment i ffurfio'r Royal Regiment of Wales. Bu iddi frwydro ar draws y byd gan ennill clod eithriadol – 23 medal VC – am wrhydri rhai o'i milwyr. Efallai mai ei hymgyrch yn Ne Affrica yn 1879 yw'r enwocaf – bu'n sail i'r ffilm Zulu yn 1964, gyda Stanley Baker a Michael Caine. Yn y ffilm gwelir y milwyr yn eu cotiau cochion yn canu arwyddgan y Gatrawd, 'Gwŷr Harlech'.

Yn 1689 y sefydlwyd y Royal Welch Fusiliers hefyd, gan gadw'r sillafiad hynafol 'Welch'. Dyma un o'r ychydig gatrodau i

Stampiau Gibraltar, 1970 a 1973

gadw ei hunaniaeth dros y canrifoedd, hyd iddi uno gyda'r Royal Regiment of Wales i ffurfio'r Royal Welsh yn 2006. Lleolid ei phencadlys yn Wrecsam ac yng ngogledd Cymru'n bennaf y bu'n recriwtio. Ceir arddangosfa sylweddol o'i hanes yng nghastell Caernarfon a bwch gafr mawr corniog o'r enw Billy fu ar flaen ei gorymdeithiau ers o leiaf 1775. Nodwedd o'r iwnifform yw'r 'fflash' fechan o sidan du ar gefn y goler i nodi mai'r Ffiwsilwyr Cymreig oedd yr olaf i roi'r gorau i'r gynffon fechan o wallt gyda phitsh arni, a wisgai milwyr y 18fed ganrif.

Er gwrhydri rhyfeddol milwyr y catrodau Cymreig ni ellir osgoi, gwaetha'r modd, mai cael eu defnyddio yr oeddent i hybu imperialaeth Brydeinig ar draws y byd.

Thomas Edward Lawrence (1888-1935), Tremadog

Ganed T.E. Lawrence yn y Woodlands, Tremadog, yn 1888, yn ail fab i Thomas R.T. Chapman (1846-1919) o swydd Westmeath, Iwerddon a'i gariad, Sarah Junner (1861-1959).

Cyfeiria D. Tecwyn Evans yn ei *Atgofion Cynnar* (1950) at 'taid yr enwog Lawrence o Arabia... yn byw am gyfnod yn y Ceinewydd, ar lan afon Dwyryd ym mhlwyf Llandecwyn. Ef oedd arweinydd Seindorf Talsarnau. Gelwid ef yn "Lawrence Bach" am ei fod yn fychan o gorffolaeth.'

Wedi cefnu ar Iwerddon bu'r teulu ar grwydr, gan gartrefu dros dro yn Nhremadog, yr Alban, Llydaw, a Lloegr. Enillodd T.E. Lawrence ysgoloriaeth i Goleg yr Iesu, Rhydychen, a chael gradd B.A. yn 1910. Ei bwnc ymchwil oedd cestyll y dwyrain canol ac ymunodd â chloddio archeolegol yn Syria yn 1911-1914. Ymddiddorai yn niwylliant a hanes yr Arabiaid a dysgodd eu hiaith.

Ddechrau'r 20fed ganrif, Twrci a reolai'r rhan fwyaf o diroedd yr Arabiaid, a phan dorrodd y Rhyfel Byd Cyntaf, cefnogai'r Almaen. Gyrrwyd Lawrence i'r Dwyrain Canol gan y fyddin Brydeinig i

Stamp o Ynys Jersey, 2016

berswadio'r Arabiaid i wrthryfela yn erbyn y Twrciaid. Arweiniodd hwy'n effeithiol gan ddefnyddio tacteg *guerrilla* y llwythau brodorol, olygai groesi'r anialwch ar gamelod, taro'n gyflym ac annisgwyl, a dinistrio trenau'r gelyn. Gwisgai Lawrence ddillad Arabaidd a chymerai ran amlwg yn yr ymladd.

Cefnogai awydd yr Arabiaid i ennill eu hannibyniaeth a chynghorodd Lywodraeth Lloegr i barchu hynny. Siom enfawr iddo oedd i Brydain a Ffrainc wrthod rhyddid i'r Arabiaid a siom arall iddo oedd mai'r unig beth y llwyddodd i'w wneud yng ngolwg yr Arabiaid oedd cyfnewid un coloneiddiwr am un arall.

Yn 1935 fe'i lladdwyd mewn damwain moto-beic. Portreadwyd Lawrence gan Peter O'Toole (gŵr yr actores Gymraeg Siân Phillips), yn y ffilm epig Lawrence of Arabia yn 1962.

Anne Morgan (1873-1952)

Ganed Anne Tracy Morgan yn 1873 ym Manhattan yn rhan o deulu fu am genedlaethau yn ddiwydianwyr a gwŷr busnes hynod graff a llwyddiannus, yn cynnwys dur, rheilffyrdd ac yn ddiweddarach trydan. Ei thad oedd y banciwr J.P. Morgan (1837-1913), un o ddynion cyfoethocaf y byd ar y pryd, a'i mam oedd Frances Louisa (née Tracy, 1842-1924). Anne oedd yr ieuengaf o bedwar o blant.

Hanai'r teulu Morgan o un o ddeuluoedd uchelwrol Dyfed a dywedir iddynt fod yn ddisgynyddion i Miles Morgan o Landaf a ymfudodd o Gymru gan hwylio i Boston yn yr 17eg ganrif.

Roedd J.P. Morgan yn gasglwr a noddwr y celfyddydau. Yn 1906 talodd $75,000 i'r ffotograffydd Edward Sheriff Curtis (1868-1952) o Wisconsin am dynnu lluniau'r brodorion Americanaidd, a olygodd maes o law gyhoeddi cyfres o ugain cyfrol: *The North American Indian*.

Yn ystod y rhyfeloedd Byd Cyntaf a'r Ail, cydymdeimlai Anne gymaint â'r milwyr clwyfedig a phobl gyffredin a gawsai eu hanafu a cholli popeth nes iddi benderfynu defnyddio'i hadnoddau ariannol ei hun a chasglu cymaint fyth ag y gallai gan eraill i'w cynorthwyo. Roedd yr actor Charlie Chaplin (1889-1977) ymhlith llawer o enwogion a gododd arian a chyfrannu at yr achos. Byddai'n teithio'r meysydd lle bu'r brwydrau, gan ddosbarthu blancedi a bwydydd ymhlith yr anffodusion, a'r ffoaduriaid oedd wedi colli eu cartrefi a'u heiddo yn ystod y bomio.

Ar ddiwedd y ddau Ryfel bu'n rhaid i Ffrainc, fel sawl gwlad arall, fynd ati i ailadeiladu o'r newydd. Dros y cyfnodau hyn, a hithau'n byw yn Ffrainc erbyn hyn, aeth Anne Morgan ati i greu gwasanaethau iechyd, adeiladu llyfrgelloedd, ac adnoddau cyhoeddus eraill. Erys yn uchel iawn ei pharch yn Ffrainc a chyhoeddwyd stamp i'w choffáu yn 2017.

Stamp post o Ffrainc, 2017

Natur a Naturiaethwyr

Alfred Russel Wallace (1823-1913)

Ganed Wallace, a luniodd ddamcaniaeth ar ddethol naturiol yn annibynnol ar Charles Darwin, ym Mrynbuga, Gwent. Symudodd y teulu i Hertford yn Lloegr pan oedd Wallace yn bum mlwydd oed ond dychwelodd yn 1839 i weithio gyda'i frawd fel tirfesurydd yng nghanolbarth a de Cymru. Ymddiddorai ym myd natur, entomoleg yn arbennig, a darllenai'n helaeth o weithiau naturiaethwyr ei ddydd. Dysgodd Gymraeg a datblygodd agwedd wleidyddol radical iawn.

Rhwng 1848 ac 1852 aeth ar daith i'r Amason, gan dalu am y fenter drwy werthu sbesimenau pryfed i gasglwyr ac amgueddfeydd. Bu ar daith gasglu arall (1854-1862) i Malaya ac Indonesia a thra roedd yno lluniodd ei ddamcaniaeth am esblygiad drwy ddidol naturiol. Gyrrodd ei ganlyniadau at Charles Darwin a oedd, yn ddiarwybod i Wallace, wedi llunio damcaniaeth debyg ond heb ei gorffen a'i chyhoeddi. Roedd hyn yn siom i Darwin a'i gyfeillion yn y sefydliad academaidd a threfnwyd i gyhoeddi ar y cyd fel na allai Wallace gael y flaenoriaeth. Erys ansicrwydd am y dyddiad y derbyniodd

Stamp coffa Wallace, 2013

Darwin lythyr Wallace, ond roedd rai misoedd yn gynharach na'r hyn a ddywedwyd, gan roi mwy o amser i Darwin baratoi ar gyfer cyhoeddi.

Mewn cyfarfod o'r Gymdeithas Lineaidd yng Ngorffennaf 1858, darllenwyd llythyr Wallace, oedd yn dal yn Indonesia ar y pryd, ynghyd â chrynodeb o syniadau Darwin, a'u cyhoeddi fel papur ar y cyd. Arbedodd enw da Darwin, a aeth ymlaen yn ddiymdroi i orffen a chyhoeddi ei *On the Origin of Species* flwyddyn yn ddiweddarach.

Cyhoeddodd Wallace ei syniadau yn ei gyfrol *Contributions to the Theory of Natural Selection* (1870) a daeth yn enwog am ei waith ar fiodaearyddiaeth gan nodi'r ffin rhwng rhywogaethau Asiaidd ac Awstralaidd sy'n rhedeg drwy ganol Indonesia ac a adnabyddir fel Llinell Wallace.

Charles Darwin (1809-1882)

Ganed Charles Robert Darwin yn un o chwech o blant i deulu cyfoethog yn Amwythig. Nid oedd am ddilyn ei dad, Robert Darwin (1766-1848), fel meddyg i gyfoethogion y fro, ac aeth i Goleg Crist, Caergrawnt i astudio'r gwyddorau naturiol.

Yno ymunodd â chwrs daearegol Adam Sedgwick ac yn 1831 aeth y ddau ar daith maes i fapio a chasglu samplau daearegol yn Eryri. Teithiodd y ddau i Fangor ac oddi yno aeth Darwin ei hun, gyda gweision a cheffylau, drwy Ddyffryn Ogwen i Gapel Curig, Ffestiniog, a thros y Rhinogydd i Ardudwy a'r Bermo.

Wedi dychwelyd derbyniodd wahoddiad i deithio rownd y byd ar y Beagle efo'r Capten Robert Fitzroy. Roedd angen naturiaethwr allai ariannu ei ffordd ei hun. Parhaodd y daith bron i bum mlynedd, gyda Fitzroy yn creu siartiau morwrol a Darwin yn disgrifio'r byd naturiol a welai gan yrru samplau a nodiadau yn ôl i Rydychen yn gyson.

Creodd ei ymweliad ag Ynysoedd y Galapagos gryn argraff arno am mai yma y dechreuodd ei syniadau am esblygiad grisialu. Pan ddychwelodd adref yn 1836 roedd eisoes yn enwog a chafodd groeso twymgalon gan y sefydliad academaidd. Treuliodd yr ugain mlynedd nesaf yn cael trefn ar ei syniadau cyn cyhoeddi ei gampwaith *On the Origin of Species* (1859).

Stamp o Bortiwgal, 2009

Dros flwyddyn cyn hynny gyrrodd y naturiaethwr o Gymro, Alfred Russel Wallace, fu'n gweithio yn Indonesia, ei syniadau am esblygiad iddo, oedd yn union fel rhai Darwin. Cyflwynwyd papur ar y cyd gerbron y Gymdeithas Lineaidd yn Llundain yng Ngorffennaf 1858 i gydnabod hawl y ddau i theori esblygiad.

Cafodd Darwin ac Emma (née Wedgwood) ddeg o blant a phriododd un o'u meibion, Francis, â Chymraes, Amy, o Bantlludw, Machynlleth. Ymwelodd Charles ac Emma Darwin â Phantlludw sawl gwaith.

Pensaernïaeth a Chofebau

Inigo Jones (1573-1652)

Heblaw ei fod yn fab i Inigo Jones, gweithiwr brethyn Cymreig yn Llundain, ychydig a wyddom am flynyddoedd cynnar Inigo Jones y pensaer, dim ond iddo gael ei eni a'i fedyddio yn ardal Smithfield. O Ddyffryn Conwy yr hanai'r tad ac awgryma rhai haneswyr mai o Dyddyn Inco rhwng Gwydir a Thŷ Hyll y deuai.

Ni ddaeth Inigo i'w broffesiwn drwy'r llwybr arferol o brentisiaeth bensaernïol. Gwyddom iddo wneud argraff ar Syr Christopher Wren pan oedd yn brentis saer yn gweithio ar ran o Eglwys Gadeiriol St. Paul ac i noddwr cyfoethog, Iarll Penfro, rywdro cyn 1603, ei yrru i'r Eidal i astudio arlunio ar sail safon uchel ei ddylunio. O'r Eidal aeth i Ddenmarc lle bu'n gweithio ar gynlluniau rhai o balasau'r Brenin Christian.

Ymddiddorai mewn dylunio theatrig, yn wisgoedd a setiau, a phriodolir iddo gyflwyno setiau symudol yn gefndiroedd i dros 500 o ddramâu rhwng 1605 a 1640. Dechreuodd ei yrfa bensaernïol wedi taith astudio i Ffrainc a arweiniodd, yn 1610, at ei benodi yn Syrfëwr i Dywysog Cymru (*sic.*) ac i'r teulu brenhinol yn 1613. Teithiodd i'r Eidal i astudio gwaith penseiri hen a newydd i orffen ei

Stamp Seland Newydd o Gadeirlan St Paul's, 1946

cyfnod o hunan-addysg. Pan ddychwelodd daeth yn Brif Syrfëwr i'r Brenhinoedd James 1af a Siarl 1af rhwng 1615 a 1643. Roedd yn bensaer clasurol o'r radd flaenaf ac fe'i hystyrir fel 'tad pensaernïaeth Lloegr'. Priodolir dros 1,000 o adeiladau iddo.

Yn ogystal â phlastai brenhinol a thai crand i uchelwyr cyflwynodd y cynllunio trefol cyntaf i Lundain, sef Covent Garden yn 1630. Un o'i weithiau amlycaf oedd adfer hen eglwys Sant Pawl, 1633-1642. Dywedir iddo hefyd baratoi'r cynlluniau i Bont Fawr Llanrwst fel teyrnged i wreiddiau'r teulu yn Nyffryn Conwy.

Fe'i claddwyd ym mynwent Eglwys Gymraeg Llundain gyda'i rieni.

Pensaernïaeth
Thomas Jefferson

Roedd Thomas Jefferson, y gŵr amryddawn o dras Cymreig a ddaeth yn drydydd Arlywydd yr UD, yn bensaer blaengar a osododd ei farc ar rai o adeiladau eiconig yr UD ifanc. Arloesodd gydag arddull a elwir ar ei ôl yn Bensaernïaeth Jeffersonaidd, oedd yn ddatblygiad o'r ffurfiau clasurol a adnabyddir fel y Neo-Glasurol a'r Neo-Paladaidd.

Ymysg ei gampweithiau mwyaf adnabyddus mae ei gartref, Monticello; tŷ arall o'i eiddo, Forest Lodge; champws y brifysgol a sefydlodd, sef Prifysgol Virginia, yn enwedig yr adeilad a adnabyddir fel y Rotunda; ac amryw o dai i gyfeillion personol a politicaidd.

Am nad oedd ysgol bensaernïol yn Virginia yn y 18fed ganrif dysgodd Jefferson ei grefft o lyfrau a thrwy astudio cynlluniau o adeiladau clasurol ei ddydd. Cafodd gyfle hefyd i ymweld ag adeiladau o bwys yn Ewrop pan oedd yn llysgennad yr UD yn Ffrainc (1784-1790).

Bu iddo addasu rhai o'r ffurfiau clasurol yn ôl ei weledigaeth ei hun a'r defnyddiau adeiladu oedd ar gael iddo yn Virginia ac ysgrifennodd yn helaeth ar bensaernïaeth a chreu nifer fawr o gynlluniau a gafodd ddylanwad ymhell ar ôl ei farwo-aeth.

Jefferson 1743-1826 Virginia Rotunda

Architecture USA 15c

Darlun o'r Virginia Rotunda, 1979

Yn 1803, wedi iddo ddod yn Arlywydd, penododd Benjamin Henry Latrobe yn arolygwr adeiladu cyhoeddus yr UD. Ef, gyda chefnogaeth Jefferson, gyflwynodd arddull yr Adfywiad Groegaidd a welir yn rhai o adeiladau nodedig Washington a Philadelphia'r cyfnod, gan gynnwys adeilad y Capitol. Parhaodd ei ddylanwad dros y tair canrif nesa, ar adeiladau cyhoeddus yr UD yn y 19eg ganrif, eglwysi Protestannaidd dechrau'r 20fed ganrif ac eglwysi efengylaidd newydd yr 21ain ganrif.

Ymddangosodd dau o gampweithiau Jefferson ar stampiau'r UD: Monticello, ei gartref ger Charlottesville a'r Rotunda ym Mhrifysgol Virginia.

Mount Rushmore, cofeb i bedwar Arlywydd

Cyfres o gerfluniau ar wyneb craig enfawr ym Mryniau Duon De Dakota yn yr UD yw Cofeb Genedlaethol Mount Rushmore. Fe'u cwblhawyd gan Gutzon Borglum a'i fab Lincoln rhwng 1927 a 1941 ac maent yn portreadu pennau pedwar o arlywyddion enwocaf a mwyaf dylanwadol yr UD, sef George Washington (1732-1799), Thomas Jefferson (1743-1826), Theodore Roosevelt (1858-1919) ac Abraham Lincoln (1809-1865). Sylwch bod dau o'r rhain, Jefferson a Lincoln, o dras Cymreig. Mae'r pedwar cerflun yn drawiadol, gyda'r pennau yn 60 troedfedd (18m) o faint.

Yr hanesydd Doane Robinson gafodd y syniad i greu cofeb o'r fath i ddenu ymwelwyr i'r rhan ddiarffordd hon o'r UD. Llwyddodd i godi'r arian ar gyfer y cynllun ac erbyn hyn daw tua 2½ miliwn o ymwelwyr yn flynyddol i weld y gofeb, y ganolfan ddehongli sy'n adrodd hanes y 'gorllewin gwyllt', a'r brwydro fu rhwng llwythau brodorol yr ardal a byddin yr UD yn hanner olaf y 19eg ganrif.

Bwriad gwreiddiol Robinson oedd creu cerfluniau o arwyr megis Lewis a Clarke (y cyfeirir atynt mewn rhan arall o'r gyfrol

Stamp 1952

hon), Red Cloud, sef un o benaethiaid llwyth y Sioux, a'r cowboi Buffalo Bill. Ond penderfynodd Borglum y byddai'r pedwar arlywydd yn fwy addas.

Mae'r gofeb yn destun anghytuno dybryd rhwng awdurdodau'r UD a llwyth y Lakota. Er y cydnabu Cytundeb Fort Laramie (1868) hawl dros yr ardal i'r Lakota, torrwyd yr addewid hwnnw yn 1876 yn dilyn rhyfel yn erbyn y Sioux. Nid dewis y brodorion fyddai cofeb i arweinyddion y wynebau gwelwon fu'n gyfrifol am eu herlid a dwyn eu tiroedd! Mewn rhan arall o'r Bryniau Duon mae cerflun arall ar y gweill, un mwy na Rushmore, sy'n dathlu buddugoliaeth Crazy Horse dros Custer a'i filwyr ym mrwydr Little Big Horn.

Frank (Lincoln) Lloyd Wright (1867-1959)

Magwyd Hannah Lloyd (née Jones), yn Blaen yr Allt Ddu, Llandysul yn un o deulu o Undodwyr. Ymfudodd gyda'i theulu i'r UD gan sefydlu cymuned Undodaidd yn Wisconsin a phriodi â William Carey Wright. Enw bedydd eu mab oedd Frank Lincoln Wright ond yn dilyn ysgariad ei rieni yn 1885 newidiodd y bachgen ei enw i Frank Lloyd Wright yn deyrnged i'w fam. Aeth i Brifysgol Wisconsin i ddysgu pensaernïaeth a chafodd waith gyda chwmni penseiri Adler a Sullivan yn Chicago yn 1887.

Daeth yn enwog ledled America am ei bensaernïaeth greadigol. Cafodd ei gefndir Undodaidd a Chymreig ddylanwad arno am y credai fod popeth yn rhan o gyfanwaith mwy. Datblygodd arddull a elwid ganddo yn 'bensaernïaeth organig', a cheid yn ei gampweithiau fanylder di-ben-draw, a hwnnw bob amser yn amlygu naturioldeb llawn prydferthwch. Credai mewn cynlluniau agored gyda chyn lleied o waliau mewnol â phosib. Nid oedd ystafelloedd yn ei dŷ, Ropey House yn Chicago – 'pam cael bocsys o fewn bocsys?' – syniad oedd, ar ddiwedd y 19eg ganrif, ymhell o flaen ei oes. Byddai'n cynllunio dodrefn i gyd-fynd â'i adeiladau ac yn dewis y lluniau a'r carpedi yn ogystal.

Ymfalchïai yn ei gefndir Cymreig, gan alw ei gartref yn Wisconsin yn Taliesin. Ceir tair llinell rownd y waliau allanol, yn seiliedig ar arwyddlun yr Orsedd, gyda'r geiriau 'Truth against the world' (Y gwir yn erbyn y byd) wedi eu naddu arnynt.

Cyfres Americanwyr blaengar, 1965

Cynlluniodd dros 1,000 o adeiladau, yn cynnwys gwesty'r Imperial, Tokyo ac Amgueddfa Guggenheim, Efrog Newydd. Ystyrir ei gartref Fallingwater y gwaith pensaernïol gorau yn America. Yn 2019 penodwyd wyth o'i adeiladau yn Safleoedd Treftadaeth y Byd gan UNESCO.

Cafodd radd anrhydeddus gan Brifysgol Bangor yn 1958, pryd yr ymwelodd â Phortmeirion a bedd Lloyd George yng nghwmni ei gyfaill Clough Williams Ellis.

Y Tŷ Gwyn

Y pensaer Gwyddelig, James Hoban (1755-1831), a gynlluniodd dŷ'r Arlywydd yn Washington D.C. a gwblhawyd yn 1800. Yn nechrau'r 20fed ganrif y daeth yn fwy adnabyddus fel y Tŷ Gwyn.

Y preswylydd cyntaf ynddo, dros haf 1800, oedd John Marshall, Cymro ac Ysgrifennydd Gwladol yr UD, cyn i John Adams, ail Arlywydd yr UD (1797-1801) ddod i fyw yno. Hanai teulu John Adams o ffermdy hynafol a gwyngalchog Banc-y-llain, Llanboidy. Erbyn hyn, y Tŷ Gwyn yw'r enw ar Banc-y-llain oherwydd y cysylltiad Arlywyddol.

Yn ystod ei ail noson yn 'Nhŷ'r Arlywydd' ysgrifennodd Adams lythyr at Abigail ei wraig, gan ddweud: 'Cyn terfynu o'm llythyr, gweddïaf ar i'r Nefoedd roddi ei Fendithion gorau i'r Tŷ hwn, ac i bawb, a fydd byw ynddo... Bydded byw dan ei gronglwyd ddynion gonest a doeth.' Arferai Abigail hongian dilladau'r teulu i'w sychu mewn ystafell fawr (yr Ystafell Ddwyreiniol erbyn hyn), oedd heb ei gorffen ar y pryd.

Yn dilyn John Adams daeth Thomas Jefferson, fu'n Arlywydd rhwng 1801 ac 1809. Dderbyniodd rodd o ddau genau arth

Dathlu 150mlwyddiant y Tŷ Gwyn, stamp 1950

gan yr antur-wyr Lewis a Clark, ac roedd gan-ddo hefyd aderyn gwat-war (mockingbird), a dau gi gwarchod. Yng nghyfnod Jefferson yr ychwanegwyd y colofnau isel ar ochrau'r adeilad.

Cadwai mab John Adams, sef John Quincy Adams, chweched Arlywydd yr UD, tra'n byw yma rhwng 1825 ag 1829, aligator a gafodd yn rhodd gan y Marcwis de Lafayette (1757-1834). Magai ei wraig bryfed sidan yn ei hamser hamdden, a chedwid gafr a buwch Durham, un dda am ei llefrith yn ôl y sôn.

Yr anifeiliaid anwes oedd yno yng nghyfnod Abraham Lincoln (1861-1865) oedd mochyn, a chi o'r enw Fido. Bu Arlywyddion yr UD i gyd yn cadw anifeiliaid anwes yn y Tŷ Gwyn heblaw am Donald Trump.

Samuel Adams yr Ieuengaf (1722-1803):
'Tad Gwrthryfel America'

Ganed Samuel Adams (yr Ieuengaf) yn Boston, Massachusetts, yn un o ddeuddeg plentyn Samuel Adams (yr hynaf) (1689-1748) a Mary (née Fifield). Roedd yn gyfyrder i John Adams a ddaeth, maes o law, yn ail Arlywydd yr UD

Yn 1747 fe'i hetholwyd i Dŷ'r Cynrychiolwyr, Massachusetts. Gwrthwynebodd yn chwyrn gyfres o ddeddfau anghyf-iawn Senedd Lloegr drwy'r 1760au a osodai drethi trymion ar y trefedigaethau Am-ericanaidd. 'Dim trethi heb gynrych-iolaeth' oedd y gri, gan arwain yn 1768 at lythyr Sam Adams i'r trefed-igaethau eraill yn galw am atal cydweithrediad â'r awdurdodau. O ganlyniad, meddiannodd milwyr Prydeinig Boston ac aeth pethau o ddrwg i waeth gan arwain at Gyflafan Boston yn 1770.

Dyma drobwynt i Adams – o hyn ymlaen annibyniaeth oedd ei nod. Gweithiodd ar gyfres o wrthwynebiadau ar draws y 13 trefedigaeth yn erbyn hawl Prydain i reoli heb gytundeb yr Amer-icanwyr.

Pan osododd Ddeddf Te 1773 dreth drom ar fewnforio te a monopoli dros y fasnach i Gwmni Dwyrain India, a olygai bris uchel iawn, roedd hyn yn annerbyniol i'r Americanwyr. Pan lan-

Llythyr-gerdyn Sam ASdams, 1973

Pedwarawd o stampiau, 1973

iodd y llongau te yn Boston, roedd Adams yn un o arweinyddion Parti Te Boston roddodd y fflach a daniodd y Chwyldro Americanaidd.

Ymateb Senedd Lloegr oedd deddfau cosb llym yn 1774 i wneud esiampl o Massachusetts, yn cynnwys diddymu ei hawl i lywodraethu ei hun a chau porthladd Boston. O ganlyniad galwyd 'Cyngres Gyfandirol' yn Philadelphia yn Hydref 1774 ac ail un ym Mai 1775. Dywedodd Thomas Jefferson yn ddiweddarach mai Adams arweiniodd y Gyngres tuag at annibyniaeth; at weithredu unedig (ddaeth yn sail i undod yr UD) a chefnogi ymgyrch filwrol yn erbyn gorthrwm Prydain. Adams hefyd gynigiodd George Washington fel eu harweinydd milwrol a rhoddodd ei lofnod ar y Datganiad Annibyniaeth yn 1766.

Parti Te Boston

Ym Medi a Hydref 1773, hwyliodd saith llong yn cludo te am America; pedair ohonynt i Boston, a thair arall i Charleston, Efrog Newydd a Philadelphia. Oherwydd gwrthwynebiad lleol ni chawsant hawl i lanio yn Charleston, Efrog Newydd na Philadelphia, a bu raid iddynt ddychwelyd adref i Loegr, heb ddadlwytho deilen o'r te!

Ond nid felly yn Boston. Yno, rhoddodd y Llywodraethwr Brenhinol Thomas Hutchinson ganiatâd i dair llong de lanio. Un ohonynt oedd y Dartmouth, a gyrhaeddodd yn Nhachwedd 1773. O'i gweld yn y porthladd, aeth Samuel Adams ati rhag blaen i drefnu cyfarfod protest, a daeth miloedd o bobl yno.

Rhwystrwyd y casgenni te rhag gadael y Dartmouth ac erfyniodd Samuel Adams ar y Capten i droi am adref i Loegr heb ddadlwytho. Ond pan gyrhaeddodd dwy long arall daeth tyrfa o 7,000 o drigolion Boston at ei gilydd a phenderfynwyd gweithredu yn eu herbyn. Byrddiodd ugeiniau o Feibion Rhyddid, wedi eu gwisgo fel Mohicaniaid, y llongau ac arllwys y cistiau te i'r dyfroedd!

Ymateb Senedd Lloegr oedd pasio nifer o ddeddfau cosb oedd yn annioddefol i'r Americanwyr, a cheisio tynhau fwy fyth afael Lloegr ar ei threfedigaethau anniddig. Ymateb yr Americanwyr oedd ei bod bellach yn anwladgarol yfed te! Dechreuwyd yfed coffi yn ei le, arfer a barhaodd hyd heddiw.

O ganlyniad gwaethygodd y berthynas rhwng Lloegr a'r Trefedigaethau Americanaidd yn sylweddol, gan arwain yn fuan at y Rhyfel Annibyniaeth. Ymunodd Samuel Adams â'r Gyngres Gyfandirol a luniodd Ddatganiad Annibyniaeth America yn 1776 ac roedd ei enw ymhlith y 56 gŵr da a'i lofnododd.

Heddiw, o flaen Amgueddfa'r Parti Te yn Boston saif cerflun o Samuel Adams yr Ieuengaf, y Cymro wnaeth gymaint dros annibyniaeth yr UD

Datganiad Annibyniaeth yr UD

'Gwnaeth mewnfudwyr Cymreig ac Americanwyr Cymreig gyfraniad enfawr i drefn lywodraethol America.' Dyna eiriau'r Arlywydd George W. Bush, 2006.

Yn sicr roedd hynny'n wir am fod bron

Pâr o stampiau 1976 yn portreadu mabwysiadu'r Datganiad Annibyniaeth yn Philadelphia yn 1776

i un rhan o dair o'r 56 cynrychiolydd taleithiol a lofnododd y Datganiad Annibyniaeth yn 1776 yn Gymry neu o dras Cymreig. Saif enwau dau ohonynt yn flaenllaw, sef Thomas Jefferson a John Adams, am mai hwy oedd yn bennaf gyfrifol am ddrafftio geiriad y Datganiad.

Yn ôl Cymdeithas Gymreig Philadelphia, roedd 18 o'r llofnodwyr o dras Cymreig, sy'n golygu mai Cymry oedd y grŵp ethnig mwyaf yn eu mysg. Dyma'r deunaw: George Clymer, Robert Morris, John Morton a James Smith (Pensylfania); William Floyd, Francis Lewis a Lewis Morris (Efrog Newydd); John Penn, John Hewes a William Hooper (Gogledd Carolina); John Adams a Samuel Adams (Massachusetts); Stephen Hopkins (Rhode Island); Francis Hopkinson (New Jersey); Thomas Jefferson (Virginia); Britton Gwinnett (Georgia); George Read (Delaware) a William Williams (Connecticut).

Penodwyd Pwyllgor o Bump i ddrafftio'r Datganiad, gyda'r Gyngres i fireinio'r fersiwn derfynol. Ysgrifennwyd y Datganiad yn bennaf gan Thomas Jefferson ac mae'r drafft cyntaf yn ei law ef, gyda newidiadau gan John Adams a

Drafftio'r Cytundeb Cyd-ffederaliaeth, 1977

Benjamin Franklin. Y rhan enwocaf yw'r rhagarweiniad:

'*We hold these truths to be self-evident, that all men are created equal, that they are endowed by their Creator with certain unalienable Rights, that among these are Life, Liberty and the pursuit of Happiness.*'

Mabwysiadwyd y Datganiad mewn cyfarfod o ail Gyngres Gyfandirol y 13 Trefedigaeth yn Philadelphia ar Orffennaf 4ydd, 1776. Dyma'r cam cyntaf tuag at ffurfio Unol Daleithiau America.

Bu'r Datganiad yn fodel i sawl gwlad arall ar draws y byd a fynnai annibyniaeth.

Seintiau

Eglwys Tyddewi (Sbaen)

Yn y Canol Oesoedd cynnar roedd mynd ar bererindod i fannau cysegredig yn ofynnol i Gristnogion da. Gallasai hynny gynnwys eglwysi pwysig megis Tyddewi a Llandaf, ffynhonnau sanctaidd megis Ffynnon Gwenffrewi ac ynysoedd megis Enlli. Byddid yn dilyn llwybrau penodol a chyflawni defosiynau mewn cyfres o safleoedd arbennig. Ond roedd yna hefyd bererindodau llawer mwy heriol, a olygai deithio i ganolfannau megis Jerwsalem, Rhufain a Santiago de Compostela yng Ngalisia, gogledd-orllewin Sbaen.

Roedd y daith i Gadeirlan Santiago, lle claddwyd esgyrn yr Apostol Iago, yn boblogaidd iawn ymysg Cymry'r Canol Oesoedd cyn y diddymwyd yr arfer yng nghyfnod Harri'r Wythfed. Cymerai wythnosau, misoedd, neu flynyddoedd i'r cloff, a golygai wynebu peryglon y ffordd yn ogystal a'r môr mewn ardaloedd hollol ddieithr. Yn aml teithiai criw o Gymry gyda'i gilydd er mwyn diogelwch a chwmnïaeth ac wedi cyrraedd byddent yn ymgynnull gerbron allor y Gadeirlan a

Stamp 1971: cadeirlan Tyddewi ac arwydd cragen Iago

chanu moliant i gyfeiliant telyn fyddai ar gael iddynt. Byddai Cymro i'w tywys i wahanol safleoedd defosiynol yr ardal.

Cyn dychwelyd i Gymru arferid casglu cragen Iago, neu gragen y pererinion o'r traeth gerllaw. Roedd hon yn brawf o'u hymweliad a gellid ei defnyddio (y fwyaf y gellid cael gafael ynddi) fel bowlen i dderbyn elusennau o fwyd ar y daith adref. Gwelir arwydd y gragen yng nghornel ffenestri lliw sawl hen eglwys yng Nghymru, tra yn y Berffro ar Ynys Môn parhaodd yr arfer o wasgu math o deisen frau (shortbread) i un o'r cregyn i greu bisgedi sydd â'i phatrwm arnynt: dyma'r enwog deisennau Berffro.

Santes Dwynwen – Santes y cariadon (5ed ganrif O.C.)

Roedd Dwynwen yn ferch i'r Tywysog Brychan Brycheiniog yn y 5ed ganrif. Daeth yn nawddsant cariadon Cymru a dethlir ei gŵyl ar Ionawr 25ain.

Yn ôl y stori, am na adawai ei thad iddi briodi ei chariad, Maelon, ond yn hytrach gŵr arall nad oedd yn ei garu, penderfynodd Dwynwen ymadael a dod yn lleian. Symudodd gyda'i chwaer Ceinwen i Fôn a sefydlu eglwys ar Ynys Llanddwyn. Yno gweddïai am lwc i gariadon – gwell lwc nag a gafodd hi. Gweddïodd ar Dduw i'w hiacháu o boen ei chariad tuag at Maelon ac iddi gael y ddawn i roi cymorth i wir gariadon ganfod dedwyddwch.

Tyfodd cwlt iddi yn y Canol Oesoedd a byddai'r claf o gariad yn pererindota i Ynys Llanddwyn i offrymu yn Ffynnon Dwynwen a gweddïo yn ei heglwys. Disgrifir cleifion yn cael eu hiacháu wrth ei ffynnon ym marddoniaeth Dafydd Trefor (1460-1528) a phan ymwelodd Dafydd ap Gwilym (c1320-c1370) â'r safle roedd yn ddigon digywilydd i ofyn am ei chymorth i lwyddo efo Morfudd, er ei bod hi eisoes yn briod!

Mae'n fwy na chyd-ddigwyddiad i'r

Stamp comisiwn gan Gymdeithas Gymreig Canberra

eglwys ddewis seintiau gwyryfol megis Dwynwen a Ffolant y Rhufeiniaid (Chwefror y 14eg) i gynrychioli cariadon. Hwn fyddai'r cariad pur, ysbrydol sy'n ymwrthod â'r elfennau corfforol a rhywiol a nodweddai'r hen ddefodau ffrwythlondeb paganaidd a fodolai cyn hyn yn y tymor hau yn nechrau Chwefror.

Daeth Dwynwen yn boblogaidd yn Oes Fictoria, pryd y ceisiai pobl roi gwedd barchus i'w cariad drwy edrych i lawr ar anfoesoldeb a chariad corfforol. Atgyfodwyd poblogrwydd Dwynwen yn y 1960au pan gynhyrchodd Gwasg y Lolfa gardiau Dwynwen, sydd yn eironig braidd – yn Oes y Rhyddid Rhywiol, arddel Dwynwen y lleian fel symbol cariad.

Sant Padrig (oddeutu 390-461 O.C.) – Nawddsant Iwerddon

Dethlir Dydd Sant Padrig, nawddsant Iwerddon, ar Fawrth 17eg. Nid oes sicrwydd am ddyddiadau ei fywyd – rywdro yn y 5ed ganrif – na chwaith ymhle y'i ganed. Dywed traddodiadau gwahanol mai o Ystrad Clud yn yr Hen Ogledd, neu Eisteddfa Padrig yn Nhyddewi, Penfro y deuai. Dyma ddwy ardal lle siaredid yr iaith Frythoneg, rhagflaenydd y Gymraeg, ar y pryd.

Dau stamp Sant Padrig o Iwerddon, 1961 a 2004

Dywedir iddo gael ei gipio pan oedd yn 16 oed gan forladron o Iwerddon a'i gymryd yn gaethwas i Swydd Antrim. Yno daeth yn Gristion a bu'n byw yn y wlad am chwe blynedd cyn llwyddo i ddianc a dychwelyd adref.

Daeth yn offeiriad a chafodd weledigaeth y dylsai ddychwelyd i Iwerddon fel cenhadwr. Croesodd i Wiclow (ar hyd Sarn Badrig ym Meirionnydd yn ôl rhai) ac oddi yno i ogledd a gorllewin yr ynys i ledaenu'r efengyl. Roedd yn bregethwr grymus ac yn athro da a ddefnyddiai wersi syml o fyd natur i wneud ei bwyntiau. Er enghraifft, defnyddiai'r feillionen fach – y Shamroc – gyda'i thair deilen i ddangos ystyr y Drindod. Enillodd filoedd i Gristnogaeth ac ymhen amser daeth yn Esgob Antrim ac Archesgob i Iwerddon gyfan.

Tyfodd llu o chwedlau amdano, er enghraifft fel y bu iddo gael gwared o nadroedd o Iwerddon. Ni wyddys i sicrwydd ble y bu farw na ble y'i claddwyd. Ond erys ei enw'n fyw iawn yn Iwerddon, lle enwyd ffynhonnau, eglwysi a lleoedd ar ei ôl. Mae Gŵyl Padrig yn achlysur pwysig i atgoffa pobl Iwerddon, ble bynnag y bônt, ei fod ymhob oes wedi eu huno fel pobl, drwy ffydd, gobaith, a chariad.

Cyhoeddodd Iwerddon stampiau ar sawl achlysur i ddathlu eu Nawddsant. Efallai, ryw ddydd, yr enillwn ninnau'r hawl i gyhoeddi stampiau i ddathlu Dewi Sant.

Yale – prifysgol a sefydlwyd gan Gymro

Wedi'i sefydlu yn 1701 gan drefedigaeth Connecticut fel coleg hyfforddi gweinidogion fe'i ailenwyd yn Yale College yn 1716 i gydnabod haelioni Elihu ('Eli') Yale (1649-1721) tuag at ei ddatblygiad cynnar.

Daw'r enw Yale o ffurf seisnigedig cwmwd Iâl a Phlas yn Iâl, Llandegla, sef ystad y teulu. Hwn oedd y trydydd sefydliad addysg i'w sefydlu yn y Trefedigaethau Americanaidd a thyfodd gan ehangu ei orwelion o astudiaethau crefyddol i gynnwys gwyddoniaeth a'r dyniaethau erbyn y Chwyldro Americanaidd a thrwy'r 19eg ganrif. Daeth yn brifysgol yn 1887 a ddatblygodd yn un o'r goreuon yn yr UD. Erbyn 2020 roedd wedi cynhyrchu 65 Nobel Laureate, 5 Arlywydd yr UD, cannoedd o aelodau'r Gyngres a llawer mwy ym meysydd cyfraith, busnes a thechnoleg.

Pwy oedd Elihu Yale? Tipyn o aderyn brith dyngarol yn ôl rhai. Ymfudodd ei nain, Ann Lloyd (1591-1659) i Boston yn 1619, ond dychwelodd y teulu i Brydain pan oedd Elihu yn dair oed ac fe'i magwyd yn Llundain. O deulu cyfoethog, daeth yn

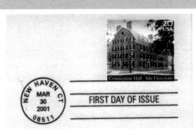

Llythyr-gerdyn yn dathlu sefydlu Prifysgol Yale

un o berchnogion yr *East India Company* a bu'n gweithio am flynyddoedd yn Chenai (Madras), India. Gwrthwynebai'r fasnach mewn caethweision o India, yn enwedig plant, gan rai masnachwyr seisnig ac roedd yn ddyngarwr, yn sefydlu ysbytai yno.

Gwnaeth ffortiwn enfawr drwy ddelio â masnachwyr Chenai heb i'r cwmni wybod ac o ganlyniad fe'i diarddelwyd o'r *East India Company*. Dychwelodd i Lundain yn 1692 lle bu'n gwario ei ffortiwn ar achosion da gan gynnwys y coleg yn Connecticut a enwyd ar ei ôl. Fe'i claddwyd yn Eglwys Sant Silyn, Wrecsam.

Enwyd Ysgol Iâl yn Wrecsam ar ei ôl yn 1950 a ddatblygodd yn Goleg Addysg Bellach Iâl yn 1998 cyn dod yn rhan o Goleg Cambria yn 2013.

Y Chwyldro Ffrengig

Adwaith ffyrnig yn erbyn gorthrwm aristocratiaid a brenhiniaeth absoliwt Louis XIV oedd y Chwyldro Ffrengig (1789-1799). Dyma gyfnod gwaedlyd ac ansefydlog tan i Napoleon Bonaparte ddod i rym yn 1799. Er ei fod yn unben roedd yn ddyn goleuedig a fu'n gyfrifol am ddiwygio'r system wleidyddol, cyflwyno addysg i bawb a sefydlu trefn gyfreithiol newydd, y *Code Napoleon*, oedd yn cynnwys datganiad ar hawliau dynol.

Cymysg fu'r ymateb yng Nghymru. Ar un llaw cafwyd cefnogaeth frwd i'r chwyldro gan radicaliaid megis Jac Glan-y-gors a Iolo Morganwg a bu i faledwyr megys Huw Jones, Glanconwy ddangos cefnogaeth gref yn ogystal. Dywedir mai arwyddair triphlyg y Chwyldro Ffrengig: *Liberte, Egalite, Fraternite* yw sail y tri phelydr a dyfeisiodd Iolo Morganwg fel symbol i'w orsedd.

Roedd brenin a dosbarth llywodraethol Prydain hwythau yn dra amhoblogaidd hefyd ymysg y werin bobl ac yn ofni'n arw i chwyldro tebyg ddigwydd yma. Ond yn wyneb teyrngarwch y fyddin ymerodrol a grym digyfaddawd y wladwriaeth, cymysg a di-gyfeiriad oedd ymateb y dosbarth gweithiol. Cafwyd esgus perffaith i bardduo'r Chwyldro Ffrengig pan aeth Prydain i ryfel yn erbyn Ffrainc, ac yn arbennig dros gyfnod 'Rhyfel Napoleon', 1803-1815.

Stamp Bonaparte, 1972

Yng Nghymru roedd y gefnogaeth i Ffrainc ar ei chryfaf ymysg pobl y glannau oedd â'u heconomi yn aml yn dibynnu ar smyglwyr fyddai'n glanio nwyddau Ffrengig i osgoi'r tollau enbyd arnynt. Teimlai'r smyglwyr yn llawer nes at Ffrainc nag at goron Lloegr a gwelai Ffrainc fod smyglo yn ddull effeithiol i danseilio economi Lloegr. Dywedir bod y cyswllt agos â smyglwyr Penfro yn un o'r rhesymau y tu cefn i laniad y Ffrancwyr yn Abergwaun yn 1797. Digwyddai smyglo y ddwy ffordd – roedd canonau o ffowndri Wilkinsons ger Wrecsam yn cael eu trosglwyddo i longau rhyfel Ffrainc a hynny yn ystod y rhyfel.

Y Wladfa, Patagonia

Ardal yn nhalaith Chubut yn yr Ariannin yw'r Wladfa. Yma yn Nyffryn Camwy y sefydlwyd Gwladfa Gymreig yn hanner ola'r 19eg ganrif. Erbyn heddiw mae tua 150,000 o bobl yn byw yn yr ardal; tua 73,000 ohonynt yn ddisgynyddion i'r Cymry, gyda tua 5,000 yn siarad Cymraeg a rhai cannoedd yn dysgu'r iaith.

Bu llawer o ymfudo o Gymru yn y 19eg ganrif, i'r UD yn bennaf, ond anodd iawn oedd cadw'r hunaniaeth Gymraeg am fwy na rhyw genhedlaeth neu ddwy. Gweledigaeth Michael D. Jones oedd sefydlu gwladfa mewn rhan arall o'r byd lle gallai'r Cymry reoli eu tynged eu hunain a byw drwy gyfrwng y Gymraeg.

Roedd Patagonia yn ne'r Ariannin yn un posibilrwydd ac yn 1861 cysylltodd Michael D. Jones a'r Capten Love Jones-Parry, Madryn â llywodraeth yr Ariannin i ymchwilio i'r posibiliadau. Yn 1862 aeth Lewis Jones a Love Jones-Parry i Buenos Aires ac oddi yno ymlaen am Batagonia gan lanio yn y bae a enwyd ganddynt yn Porth Madryn ar ôl cartre'r Capten yn Llŷn.

Nid oedd yr Ariannin yn barod i roi

Stamp comisiwn Cymdeithas Gymreig Canberra, 2015

annibyniaeth lwyr iddynt rhag i lywodraeth Prydain gymryd hynny fel esgus i feddiannu'r tir, fel y gwnaethant yn y Malvinas, ond addawyd statws talaith ymhen amser a tua 100 acer o dir i bob teulu.

Wedi dychwelyd i Gymru aeth y ddau i chwilio am ymfudwyr, gan roi adroddiadau llawer mwy ffafriol am y tir na'r darlun gwir. Cyrhaeddodd y fintai gyntaf o ymfudwyr Borth Madryn yng Ngorffennaf 1865 ar fwrdd y Mimosa. Cawsant amser caled iawn ar y cychwyn oherwydd diffyg glaw ond bu llwythau brodorol y Tehuelche o gymorth mawr iddynt. Ymhen ychydig flynyddoedd roeddent wedi dysgu agor ffosydd o afon Camwy i ddyfrio'r tir a llewyrchodd y fenter.

Atodiad 1
Stampiau Cenedlaetholgar Cymreig

Yn 1958 y dechreuwyd cyhoeddi stampiau diffiniol rhanbarthol i Gymru, Lloegr, yr Alban a Gogledd Iwerddon. Bu Swyddfeydd Post Ynys Manaw ac Ynysoedd y Sianel yn fwy lwcus; ymestynnwyd yr hawl iddyn nhw gyhoeddi eu stampiau coffa eu hunain a medru dewis y pynciau i'w harddangos arnynt. Roedd hyn yn fodd i'r Ynysoedd ddatgan i'r byd eu hunaniaeth a phrofodd yn fenter economaidd lwyddiannus a chyfrwng gwych i hybu twristiaeth. Bu sawl ymgais dros y blynyddoedd i berswadio'r Swyddfa Bost Brydeinig y dylsai Cymru a'r Alban gael yr un hawl i gyhoeddi eu stampiau eu hunain yn hytrach na stampiau achlysurol o fewn cyfresi Prydeinig, ond yn aflwyddiannus.

Am mai cael eu gwrthod fyddai ceisiadau i'r Swyddfa Bost Brydeinig am stampiau i goffáu achlysuron o bwys cenedlaethol Cymreig aeth yr SNP yn yr Alban, Mebyon Kernow yng Nghernyw a Gwasg y Lolfa, Talybont ac eraill yng Nghymru ati i gyhoeddi eu stampiau eu hunain:

1) *Canmlwyddiant sefydlu Gwladfa Patagonia, 1965*
Er i lywodraeth yr Ariannin gyhoeddi stamp yn portreadu'r Mimosa, y llong a ddygodd y Gwladfawyr cyntaf i Chubut ym Mhatagonia, gwrthod wnaeth y Swyddfa Bost Brydeinig ar y sail ei fod yn destun rhy gyfyng yn y cyswllt Prydeinig. Yn wyneb hynny cyhoeddodd Gwasg y Lolfa stamp answyddogol a brofodd yn boblogaidd.

2) *Stamp 400mlwyddiant cyhoeddi'r Testament Newydd yn Gymraeg, 1967*
Cyflwynodd Cymdeithas yr Iaith gais i'r Postfeistr Cyffredinol gyhoeddi stamp i ddathlu 400mlwyddiant cyhoeddi Testament Newydd Cymraeg William Salesbury yn 1567. Pan wrthodwyd y cais penderfynodd y Gymdeithas gyhoeddi eu stamp pedair ceiniog eu hunain a'i werthu

ar faes Eisteddfod Genedlaethol y Bala, Awst 6-12, 1967. Anogwyd prynwyr i roi'r stampiau hyn ar eu llythyrau yn hytrach na stampiau'r Swyddfa Bost ac i wrthod talu y 'post i'w dalu' gan achosi costau ac embaras i'r Swyddfa Bost. Cafodd hyn yr effaith priodol oherwydd bu i'r Swyddfa Bost Brydeinig gyhoeddi set o bedwar stamp yn 1988 yn dathlu cyhoeddi'r Beibl cyflawn, Beibl William Morgan. Hon oedd y set gyflawn gyntaf i gael ei chyhoeddi â thema benodol Gymreig iddi.

3) *Stamp D.J.*

Yn 1970 cyhoeddodd y Lolfa stamp i goffáu'r cenedlaetholwr a'r awdur D.J. Williams (1885-1970) oedd yn un o'r tri, ynghyd â Saunders Lewis a Lewis Valentine, a losgodd yr ysgol fomio ym Mhenyberth yn 1936. Ar rai amlenni gosodwyd labeli gan y Swyddfa Bost yn ceisio cael yr amlen â'r stamp D.J. i'w meddiant. Eu bwriad oedd ceisio tystiolaeth o ddefnyddio'r stamp answyddogol, gan ystyried achos llys posib yn erbyn y cyhoeddwyr. Nid oes rhaid dweud na chawsant eu dymuniad! Dan gyfraith y dydd buasai gan y Swyddfa Bost hawl i erlyn y cyhoeddwyr yn ogystal â gyrwyr stampiau o'r fath ond, er bygwth y posibilrwydd o achosion cyfraith, ni ddygwyd neb gerbron llys rhag codi nyth cacwn a phrotestiadau.

4) *Label yr Urdd, 1972*

Nid oedd pris ar y label hwn a gyhoeddwyd i hysbysebu a chodi arian i Urdd Gobaith Cymru.

5) *Stamp y Fro Gymraeg, 1970au*
Cyhoeddwyd stamp 'Y Fro Gymraeg' gan fudiad Adfer yn y 1970au.

6) *Stamp coffa Llywelyn II*
Cyhoeddwyd stamp Cymru 10c yn y 1970au i gofio Llywelyn, Tywysog olaf Cymru, a lofruddiwyd ger Cilmeri yn 1282.

7) *Label coffa Llywelyn, 1982*
Label (heb bris nac ysgrifen arno) a gyhoeddwyd gan y Lolfa yn 1982 i goffáu Llywelyn, 700 mlynedd wedi ei lofruddiaeth gan y Saeson.

8) *Stamp 25 mlynedd Cymdeithas yr Iaith, 1987*
Yn ystod Eisteddfod Genedlaethol Bro Madog 1987, i ddathlu chwarter canmlwyddiant Cymdeithas yr Iaith Gymraeg, cyhoeddwyd stamp 5c gyda delwedd o dafod y ddraig mewn gwyn ar gefndir coch.

9) *Stamp yr Undeb Celtaidd*
Pwrpas yr Undeb Celtaidd yw hyrwyddo cysylltiadau diwylliannol a gwleidyddol rhwng y gwledydd Celtaidd gan rannu profiadau a syniadau am ddigwyddiadau ac ymgyrchoedd. Trefnir cynadleddau blynyddol sy'n cylchdeithio i'r chwe gwlad Geltaidd a chyhoeddir cylchgrawn, Carn.

10) *Stamp Owain Glyndŵr*
Lansiwyd y stamp yma ar Ddydd Owain Glyndŵr 2000, 600 mlynedd wedi coroni Owain yn Dywysog Cymru yng Nglyndyfrdwy. Margaret Jones a'i dyluniodd ac roedd cyhoeddi'r stamp gan Y Lolfa yn dilyn sawl cais aflwyddiannus i'r Swyddfa Post i nodi'r achlysur hanesyddol pwysig hwn.

Eisoes yn 1974 cyhoeddwyd stamp Owain Glyndŵr yn y gyfres *Medieval Warriors*, ond gwrthodwyd cais gan Owen John Thomas, Aelod Cynulliad, i'r Swyddfa Post gyhoeddi stamp, yn fuan wedi sefydlu ein Cynulliad Cenedlaethol yn 2000, i ddathlu 600 mlwyddiant senedd gyntaf Cymru, ym Machynlleth yn 1404. Cafwyd addewid i wneud hynny ond ni ddigwyddodd. Yn hytrach dylunwyd Mynydd Hyddgen, safle buddugoliaeth Owain, yn y gyfres *A British Journey: Wales* ond heb gyfeiriad at y frwydr na Glyndŵr ei hun. Yn ddiweddarach, yn 2008, cyhoeddwyd stamp ganddynt i goffáu Owain yn rhan o'r gyfres '*Lancaster and York*'.

Stampiau Cenedlaetholgar o Iwerddon, yr Alban a Chernyw

Cyhoeddwyd y stamp answyddogol yn Iwerddon (gyferbyn, uchaf) gan Sinn Fein yn 1908. Bu'n rhaid aros tan i'r Weriniaeth fabwysiadu'r Euro cyn i'r 'cent' ddod yn rhan o'u harian.

Ceid labeli cenedlaetholgar yn yr Alban a Chernyw hefyd i ddathlu achlysuron hanesyddol pwysig.

Rhif 1 'Talyllyn' adeiladwyd 1865 gan Fletcher Jennings

Stampiau a labeli Cymreig eraill

Stampiau Rheilffyrdd – yn 1891 arwyddwyd cytundeb rhwng y gwahanol gwmnïau rheilffyrdd Prydeinig, yn cynnwys rhai rheilffyrdd cul megis Lein Bach Ffestiniog, a'r Swyddfa Bost i ganiatáu iddynt drosglwyddo llythyrau. Rhaid oedd cael stamp y Swyddfa Bost yn ogystal â label yn dynodi ffi ychwanegol ar gyfer trosglwyddo'r llythyr ar y rheilffordd. Yn 1980 ymestynnwyd yr hawl i gynnwys rheilffordd danddaearol Ceudyllau Llechwedd a chyhoeddwyd stampiau at drosglwyddo cardiau post o'r Llechwedd i ymuno â Rheilffordd Ffestiniog yn Nhanygrisiau. Cymerwyd yr hawliau hyn gan y Rheilffyrdd Prydeinig (a ffurfiwyd yn 1948) a benderfynodd yn 1984 gael gwared o'r rhan fwyaf ohonynt. Ond parhaodd yr hawl yn nwylo rhai o'r rheilffyrdd cul, oedd yn dal yn nwylo cwmnïau preifat, ac mae'n dal ganddynt hyd heddiw.

Rheilffordd Tal-y-llyn oedd y gyntaf, yn 1957, i gyhoeddi ei stampiau ffi cludiant ei hun ac yna Rheilffordd Ffestiniog yn 1969. Cyhoeddwyd nifer fawr o'r stampiau hyn gan y ddau gwmni a bu iddynt brofi'n hynod boblogaidd ymysg cefnogwyr y rheilffyrdd cul, yn dwristiaid a chasglwyr, gan ddod â chryn hysbysrwydd ac elw iddynt dros y blynyddoedd. Ers 2009 ceir stampiau tebyg i Reilffordd yr Ucheldir sy'n rhedeg rhwng Porthmadog a Chaernarfon ac sy'n rhan o Gwmni Rheilffordd Ffestiniog.

Stampiau/labeli ynysoedd – oherwydd bod angen cludo llythyrau o ynysoedd i'r tir mawr ac i ennill arian o dwristiaeth cyhoeddwyd labeli answyddogol gan sawl ynys o gwmpas arfordiroedd gwledydd Prydain i'w gosod ar lythyrau. Rhaid cael stamp y Swyddfa Bost a phostio yn un o'i blychau postio i gwblhau'r siwrnai unwaith y cyrhaeddir y tir mawr.

Ynys Wair (Lundy) yn 1929 oedd y gyntaf i gyhoeddi stampiau ffi cludiant o'r fath i gyfrannu at y costau o drosglwyddo llythyrau i'r tir mawr, ond roedd angen eu gosod ar gefn y llythyr bryd hynny. Yna, yn 1962 cytunodd y Swyddfa Bost y gellid gosod y stampiau ar flaen y llythyr neu gerdyn post (ochr y cyfeiriad), ar yr amod nad oeddent wrth ochr y stamp swyddogol.

Ceir nifer dda o ynysoedd eraill o gylch arfordiroedd gwledydd Prydain bellach yn cyhoeddi stampiau neu labeli tebyg, yn enwedig yn yr Alban, a hefyd yng Nghymru. Yr Ynys Bŷr oddi ar arfordir de Penfro oedd y gyntaf i wneud hyn yng Nghymru, pan ddechreuodd mynachod y Priordy Sistersaidd yno gyhoeddi stampiau yn 1973 i godi arian ychwanegol at gynnal eu cymuned a'u hadeiladau. Bywyd gwyllt yr ynys ac eglwysi yw'r themâu a bortreadir arnynt, ar gyfer y farchnad dwristaidd yn bennaf.

Rhwng 1979 a 1982 cyhoeddodd Ymddiriedolaeth Ynys Enlli 18 set o stampiau wedi eu hargraffu gan Format Printers Cyf., eto i godi arian at waith yr Ymddiriedolaeth. Bywyd gwyllt ac agweddau o hanes yr ynys yw'r prif themâu arnynt er bod rhai setiau â themâu eraill

sy'n amherthnasol i fywyd yr ynys ei hun.

Yn 2015 dechreuodd Martin Husband gyhoeddi setiau o stampiau/labeli a stampiau unigol ar gyfer Ynys Môn. Erbyn hyn cyhoeddwyd nifer fawr ohonynt, yn portreadu bywyd gwyllt, golygfeydd ac agweddau o hanes yr ynys. Yn ychwanegol cyhoeddodd stampiau Ynys Llanddwyn ac Ynys Seiriol yn ddiweddar ond ar gyfer casglwyr a thwristiaid yn unig am nad oes preswylwyr llawn amser yma.

Ynysoedd Cymreig eraill a welir ar stampiau/labeli yw Sgomer a Gateholm, er nad yw cyhoeddwr y rhain â chysylltiad uniongyrchol â'r ynysoedd eu hunain. Fe'u hanelwyd at dwristiaid a chasglwyr yn unig.

Atodiad 2:
Stampiau post a gynhyrchwyd gan y Post Brenhinol yn Lloegr yn dangos themâu Cymreig, 1840-2020.

O 1958 ymlaen cynhyrchwyd cyfresi o stampiau diffiniol ar gyfer Cymru, yr Alban, Gogledd Iwerddon a Lloegr, tra rhoddwyd yr hawl i Ynysoedd Manaw, Jersey a Guernsey i gynhyrchu eu stampiau eu hunain.

Stampiau diffiniol
1. 1958-1969 6 stamp post- gwahanol brisiau hefo Dreigiau, ond heb droadau'n eu cynffonnau
2. 1971-1992 57 stamp post - arian degol gwahanol brisiau, eto heb dro yn y gynffon
3. 1993-1996 8 stamp post – prisiau newydd a lliwiau gwahanol
4. 1997-1998 4 stamp post - gwahanol brisiau
5. 1999-2002 4 stamp post gwahanol brisiau yn cyd-fynd â sefydlu Cynulliad Cenedlaethol Cymru; yn arddangos Cennin, 1af/st; Draig Arian (â thro yn ei chynffon), 2ail/nd; Cennin Pedr, E; Tair Pluen, 64
6. 2000 stamp dyluniad 1971-98, lliw oren gyda pris 1af/st
7. 2003 16 stamp post – fel cyfres 1999-2002, gwahanol brisiau
8. 2013 stamp â baner Cymru, coch, gwyn a gwyrdd
9. 2017 10 stamp post – fel cyfres 1999-2002 a 2013, dyluniad ychydig yn wahanol, gwahanol brisiau

Stampiau coffa neu thematig
1953 – Castell Caernarfon; (rhan o gyfres 'Cestyll')
1957 – Y Ddraig Goch; Gemau'r Gymanwlad, Caerdydd (tri stamp)
1964 – Coedwig Beddgelert (rhan o gyfres 'Cyngres Ddaearyddol Llundain')
1966 – Castell Harlech (rhan o gyfres 'Tirluniau')
1967-68 – Pont Menai (rhan o gyfres 'Pontydd')
1969 – Cyfres yn dangos arwisgiad Charles Windsor yng Nghaernarfon

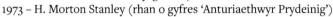

1970 – Stwco Cymreig, Aberaeron (rhan o gyfres 'Pensaernïaeth Wledig')

1971 – Prifysgol Aberystwyth (rhan o gyfres 'Pensaernïaeth Prifysgolion')

1973 – H. Morton Stanley (rhan o gyfres 'Anturiaethwyr Prydeinig')

1974 – Owain Glyndŵr, (rhan o gyfres 'Rhyfelwyr o'r Canol Oesoedd')

1975 –Trên – 'Castell Caerffili' (rhan o gyfres 'Rheilffyrdd Cyhoeddus')

1976 – Robert Owen (rhan o gyfres 'Diwygwyr Cymdeithasol')

1976 – Yr Archdderwydd; Telynores Gymreig (rhan o gyfres 'Traddodiadau Diwylliannol')

1978 – Castell Caernarfon (rhan o gyfres 'Pensaernïaeth Adeiladau Hanesyddol')

1978 – Merlyn Cymreig (rhan o gyfres 'Ceffylau')

1978 – Tarfgi Cymreig (rhan o gyfres 'Cŵn')

1980 – Rygbi (rhan o gyfres 'Canmlwyddiannau ym myd Chwaraeon')

1981 – Trwyn Ystangbwll (Stackpole Head) (rhan o gyfres '50mlwyddiant yr Ymddiriedolaeth Genedlaethol yn yr Alban')

1982 – Harri VIII a'r Mary Rose (rhan o gyfres 'Treftadaeth Forwrol')

1983 – Ffiwsilwyr Royal Welch, (rhan o gyfres 'Gwisgoedd Milwrol Prydeinig.')

1984 –Tarw Du Cymreig (rhan o gyfres 'Gwartheg Prydeinig')

1984 – Y Goets Fawr (rhan o'r gyfres '200mlwyddiant y goets yn cludo llythyrau o Lundain i Bath, Bryste, Caergybi a Lerpwl')

1985 – Cyfres 'Chwedlau Arthuraidd' (4 stamp)

1986 – Plygain Dyffryn Tanat (rhan o gyfres 'Arferion Gwerin y Nadolig')

1988 – 400mlwyddiant y Beibl Cymraeg: Yr Esgob William Morgan; William Salesbury, yr Esgob Richard Davies, a'r Esgob Richard Parry (y gyfres lawn gyntaf sy'n ymwneud â Chymru a'i henwogion)

1988 – Castell Caernarfon (rhan o gyfres 'Cestyll')

1989 – Pontcysyllte (rhan o gyfres 'Archaeoleg Ddiwydiannol')

1992 – Defaid mynydd Cymreig yn Eryri (rhan o gyfres 'Y Pedwar Tymor')

1992 – Castell Caernarfon, (rhan o ail gyfres 'Cestyll')

1993 – Camlas Brycheiniog a'r Fenni, (rhan o gyfres 'Dyfrffyrdd mewndirol')

1994 – Castell y Waun a Dolwyddelan (2 stamp, rhan o gyfres 'Paentiadau')

1994 – Sioe Llanelwedd: Yr Haf (rhan o gyfres' Y Pedwar Tymor')

1997 – cyfres Harri VIII a'i wragedd

1997 – Beddgelert, Gwynedd (rhan o gyfres 'Swyddfeydd Post Bychain')

1998 – Milgi Richmond, a Draig Cymru (rhan o gyfres 'Bwystfilod y Frenhines ac Urdd y Gardas Aur')

1998 – Goleudy 'Smalls', Penfro (rhan o gyfres 'Goleudai')

1998 – Tommy Cooper (rhan o gyfres 'Comediwyr')

1998 – 'Babs' John G. Parry Thomas (rhan o gyfres 'Campau Prydeinig, cyflymdra ar dir')

2000 – Cyweithiau y Mileniwm: Rheilffordd Eryri (rhan o gyfres 'Tân a Goleuni')

2000 – Cyweithiau y Mileniwm. Parc Arfordirol Llanelli (rhan o gyfres 'Dŵr a'r Arfordir')

2002 – Clwt o dywod. Conwy (rhan o gyfres 'Yr Arfordir')

2004 – Dolgoch, Rheilffordd Talyllyn (rhan o gyfres 'Trenau Clasurol')

2004 – Taith: CYMRU (Cyfres o chwe stamp. Yr ail gyfres lawn i Gymru ers 1988) Pont Abermaw; Hyddgen, Pumlumon; Bannau Brycheiniog; Pen-Pych, Cwm Rhondda; Rhewl, Glyn Dyfrdwy; a Thraeth Marloes

2006 – Taflen Agoriad Swyddogol Cynulliad Cenedlaethol Cymru

2008 – Senedd Owain Glyndŵr (rhan o gyfres 'Lancaster and York')

2008 – Bad Achub Dinbych-y-pysgod (rhan o gyfres 'Achub ar y moroedd')

2008 – Eglwys Gadeiriol Tyddewi, (rhan o gyfres 'Eglwysi Cadeiriol')

2009 – Y Tuduriaid (cyfres o 6 a thaflen o 4 stamp)

2009 – Dathlu Cymru. (cyfres o 4)

2010 – Alfred Russel Wallace (rhan o gyfres y Gymdeithas Frenhinol)

2011 – Cyfres Tomos y Tanc (cyfres o 6 a thaflen o 4 stamp)

2011 – Castell Harlech (rhan o gyfres 1 'UK A-Z')

2012 – Cyfres Roald Dahl (10 stamp)

2012 – Portmeirion (rhan o gyfres 2 'UK A-Z')

2012 – Jade Jones, Taekwondo; Aled Davies, Taflwr disgen (cyfres 'Gemau Olympaidd Llundain')

2013 – David Lloyd George (rhan o gyfres 'Mawrion Prydain')

2013 – John Charles (rhan o gyfres 'Arwyr pêl-droed')

2014 – Agerbeiriannau clasurol Cymru (cyfres o 4)

2014 – Dylan Thomas, (1914-1953) (cyfres 'Prydeinwyr arbennig')

2014 – Lawrence of Arabia (cyfres 'Ffilmiau Prydeinig o bwys')

2014 – Pier Bangor, Pier Llandudno (cyfres 'Pensaernïaeth Glan y môr')

2015 – Pont y Borth, Afon Menai (cyfres 'Pontydd')

2015 – Saer-wenynen fawr, *Osmia xanthomelana* (cyfyngedig i Ben Llŷn), rhan o gyfres 'Gwenyn'

2017 – Cwfl aur Y Wyddgrug, rhan o gyfres 'Prydain Gynhanesyddol'

2017 – Melin Cochwillan, rhan o gyfres 'Melinau'

2017 – Cynnulliad Cenedlaethol Cymru, rhan o gyfres 'Pensaernïaeth Nodedig'

2017 – Beibl y milwr Lemuel Thomas Rees, rhan o gyfres 100 mlwyddiant y Rhyfel 1af

2018 – Suffragettes Cymreig, rhan o gyfres 'Pleidlais i Ferched'

2019 – Snorclio cors, Llanwrtyd, rhan o gyfres 'Arferion Difyr'

2019 – Coed y Brenin, Gwynedd, rhan o gyfres 'Coedwigoedd'

2020 – Timothy Daulton fel James Bond, rhan o gyfres 'Jamed Bond'

2020 – Amffitheatr Isca, Caerleon, rhan o gyfres 'Prydain Rufeinig'

2020 – Rupert yr Arth. Set o 8 stamp, cyfres 'Rupert Bear'

Gwna hyn 134 stamp coffa ers 1953 sydd â rhyw fath o gysylltiad Cymreig iddynt allan o gyfanswm o 3,483 a gyhoeddwyd.

Llyfryddiaeth

Cyfres o 66 o erthyglau misol gan 'Y Stampiwr', *Cymru'r Plant*, Ebrill 1947-Hydref 1952

Cyfres (ddi-enw), *Cymru'r Plant*, Chwefror 1953-Gorffennaf 1953

Cyfres Casglu Stampiau, W Bleddyn Williams, *Cymru'r Plant*, Medi 1962-Gorffennaf 1966

Seibiant Gyda'r Stampiau, W Bleddyn Williams (1969)

Cymru'r Ffilatelwyr, D Ken Kyme ac Elwyn Jones (1969)

Stori ar Stamp, W Bleddyn Williams (1974)

Erthyglau achlysurol yn: *Y Cymro, Yr Herald Gymraeg, Y Casglwr* a *Llafar Gwlad*

CELC CYMRU
– TEITLAU ERAILL YN Y GYFRES:

www.carreg-gwalch.cymru

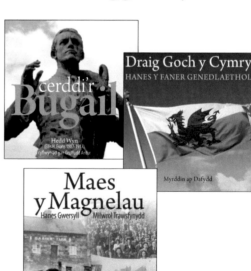